Theodor Loesener, Eduard Seler und andere

Plantæ Selerianæ

Die von Dr. Eduard Seler und Frau Caecilie in Mexiko und Zentralamerika

gesammelten Pflanzen

Theodor Loesener, Eduard Seler und andere

Plantæ Selerianæ
Die von Dr. Eduard Seler und Frau Caecilie in Mexiko und Zentralamerika gesammelten Pflanzen

ISBN/EAN: 9783743467354

Hergestellt in Europa, USA, Kanada, Australien, Japan

Cover: Foto ©berggeist007 / pixelio.de

Manufactured and distributed by brebook publishing software (www.brebook.com)

Theodor Loesener, Eduard Seler und andere

Plantæ Selerianæ

PLANTÆ SELERIANÆ[1]

Die von Dr Eduard SELER und Frau Cæcilie SELER

in MEXICO und CENTRALAMERICA gesammelten Pflanzen

Unter Mitwirkung von Fachmännern veröffentlicht

von

Th. LŒSENER.

III

Im Jahre 1895 unternahm Dr. Ed. Seler eine zweite Reise nach Mexico und Centralamerika, abermals in Begleitung seiner Frau Caecilie. Es handelte sich diesmal vornehmlich um die Erforschung der Südprovinzen Oaxaca und Chiapas, sowie um die des benachbarten Staates Guatemala, der in seiner ganzen Ausdehnung von der Westgrenze bis zur Ostgrenze in das Gebiet der Republik Honduras hinein durchreist wurde. Der ursprünglich gehegte Plan, auch die Halbinsel Yucatan zu erforschen, musste wegen eines heftigen Fieberanfalles von dem Dr. Seler selbst heimgesucht wurde, aufgegeben werden. Die Reise dauerte vom Herbst 1895 bis Frühjahr 1897 und nahm folgenden Weg: Von der Grenzstation Nuevo Leon über Monterey mit der Bahn nach Mexico, von hier Ausflug nach Pátzcuaro über Acámbaro, dann nach Oaxaca, von wo aus eine dreiwöchentliche Tour durch die Mixteca (Nochistlan, Teposcolula, Tláxiaco) unternommen wurde, darauf hinab nach Tehuantepec und weiter über Juchitan nach Tonalá im Staate Chiapas, von hier nörd-

---

[1] Vergl. Bull. Herb. Boiss. II, pag. 533-566 u. III, pag. 609-629.

lich über den hier Sierra de los Quelenes genannten Teil der
Sierra Madre nach Cintalapa und in ungefähr östlicher Richtung
über die neue Hauptstadt Tuxtla Gutierrez nach Chiapa selbst,
ferner nach S. Cristóbal das seiner Würde als Hauptstadt dieses
Staates vor kurzem verlustig gegangen ist, und in nordöstlicher Richtung nach Ocozingo, sodann direkt südlich nach Comitan und
in südöstlicher Richtung über die Grenze, die in der Nähe der alt-
indischen Ansiedlungen von Tepancuapan überschritten wurde, zu
den Ruinen von dem auch in botanischer Hinsicht äusserst interessanten
und bisher nur wenig erforschten Chaculá in Guatemala, mit Besuch
des Urwaldes bei Yalambohoch, weiter über Nenton, Jacaltenango
nach Chiantla und über Santa Cruz Quiche nach der Hauptstadt Guatemala. Von hier aus wurden mehrere kleinere Reisen ausgeführt
und der Weg von Guatemala nach Chaculá noch einmal zurück ge-
macht. Dabei wurden z. T. wiederholt folgende Orte passiert : Antigua,
S. Lucia, südwestlich, Sololá, Tecpam Guatemala, Totonica-
pam, Quezaltenango, westlich von Guatemala gelegen. Der wei-
tere Verlauf der Reise führt uns, nördlich von der Hauptstadt, über
Salamá nach Coban, und von Salamá östlich über S. Agustin Acasaguastan nach Zacapa, dann den Rio Motagua abwärts bis Qui-
riguá, zurück nach Zacapa, in südlicher Richtung nach Chiquimula,
von hier nach Osten über die Grenze nach Copan in der Republik Honduras, zurück in südwestlicher Richtung nach Esquipulas und Ipala
in Guatemala. Auf dieser Tour erfuhr die Reise infolge Dr. Selers Er-
krankung ihren Abschluss. Sie kehrten zurück nach Guatemala um
dann von San José am Stillen Ocean zu Schiff nach Manzanillo an
der mexicanischen Küste und von hier über Colima, Guadalajara
nach Mexico zurückzureisen, von wo der Heimweg angetreten wurde.

Die Ausbeute dieser zweiten Reise ist bedeutend umfangreicher als
die der ersten. Ausser 130 Kisten mit archäologischen und ethnologischen
Materialien, welche zur Hälfte dem Berliner Museum für Völkerkunde,
zur Hälfte dem American Museum of natural history in New York zu-
fielen, wurden noch über 2400 Pflanzen gesammelt, zum Teil in mehreren
Exemplaren. Auch diese Sammlung ist im wesentlichen vorzüglich kon-
serviert und nicht nur an Umfang, sondern auch durch genaue Angaben
über Standorte, Verwendung etc. noch wertvoller als die der ersten Reise
und bildet sowohl durch die beträchtliche Anzahl neuer Arten, als auch
durch die Wiederauffindung mancher bisher erst ein oder wenige Mal
gesammelter Arten eine wichtige Bereicherung des kgl. Herbars zu

Berlin, dem laut Vertrag die erste Sammlung geschenkweise überwiesen wurde, während die ersten Dubletten Dr. Seler für sich, die zweiten für das Herbar zu New York bestimmt hatte.

Im Folgenden soll nun ein Verzeichnis der Arten der zweiten Reise gegeben werden. Es wurden dabei auch noch die wenigen Familien der ersten Reise, soweit ihre Bearbeitung noch unerledigt geblieben war, hinzugenommen. Es sei hierbei bemerkt, dass die Nummern unter 1000 der ersten, die übrigen der zweiten Reise entstammen.

Bei der Bestimmung selbst hatte ich mich der Mithülfe folgender Herren zu erfreuen: C. B. Clarke *(Cyperaceen)*, A. Engler *(Araceen)*, R. Schlechter *(Orchidaceen)*, C. de Candolle *(Piperaceen)*, O. von Seemen *(Salicaceen, Betulaceen, Fagaceen)*, G. Lindau *(Polygonaceen, Acanthaceen)*, H. Harms *(Leguminosæ, Meliaceæ, Passifloraceæ, Araliaceæ)*, J. Urban *(Turneraceæ)*, E. Gilg *(Loasaceæ)*, E. Koehne *(Lythraceæ)*, J. Donn. Smith *(Gesneraceæ)*, P. Graebner *(Caprifoliaceæ)*. Es ist mir eine angenehme Pflicht, allen diesen Herren für ihre Mitarbeit, ebenso wie Herrn Dr. Seler selbst, der so freundlich war, das Manuscript bezüglich der Rechtschreibung der Ortsnamen durchzusehen, meinen verbindlichsten Dank auszusprechen. Die Familien, bei denen nichts angegeben ist, wurden von mir selbst bestimmt.

CYPERACEÆ ll det. C. B. Clarke.

Pycreus helvus Liebm. sub *Cypero*.
Hab. in Mex., in prov. Chiapas in alveo rivi ad Tonalá : Sel. n. 2014. — Flor.: Febr.

P. piceus Liebm. sub *Cypero*.
Hab. in Mex., in prov. Mechoacan ad Pátzcuaro : Sel. n. 1223. — Flor.: Oct.

Cyperus amabilis Vahl.
Hab. in Guatemala, in dept. Huehuetenango, ad Malacatan : Sel. n. 3282 et 3283. — Flor.: Sept.

C. Luzulæ Retz.
Hab. in Guatemala, in dept. Izabal in valle « Rio Motagua » ad Los Amates : Sel. n. 3357. — Flor.: Jan.

C. scaberrimus Nees (= *C. Buckleyi* Britton).
Hab. in Guatemala, in dept. Huehuetenango, in distr. Nenton, in Llano ad Caxackanal : Sel. n. 2710. — Flor.: Aug.

C. seslerioides H. B. K.
Hab. in Guatemala, in dept. Huehuetenango, in pratis humidis ad Jacaltenango in 1610 m. altitud.: Sel.: n. 2932. — Flor.: Jun.

C. Surinamensis Roxb.

Hab. in Mexico, in prov. Oaxaca ad rivulos, in silva montana supra San Carlos Yauhtepec, in prov. Chiapas in alveo rivi ad Tonalá, et in Guatemala in dept. Izabal in valle « Rio Motagua » ad Los Amates: Sel. n. 1760, 1888, 3356. — Flor.: Jan. et Febr.

Mariscus alpinus Liebm. sub. *Cypero*.

Hab. in Guatemala, in dept. Izabal in valle « Rio Motagua » ad Los Amates: Sel. n. 3358. — Flor.: Jan.

M. flabelliformis H. B. K. (= *Cyperus Caracanus* Liebm.)

Hab. in Guatemala, in dept. Escuintla ad San Andres Osuna et in dept. Huehuetenango ad Jacaltenango : Sel. n. 2578 et 2860. — Flor.: Maj.

M. Mutisii H. B. K.

Hab. in Guatemala, in dept. Huehuetenango, in distr. Nenton ad Chaculá: Sel. n. 2864.

Kyllinga pumila Michx.

Hab. in Mex., in prov. Chiapas, in alveo rivi ad Tonalá, et in Guatemala, in dept. Escuintla ad rivuli ripam apud San Andres Osuna : Sel. n. 1887 et 2566. — Flor.: Febr.-Maj.

K. odorata Vahl.

Hab. in Guatemala, in dept. Escuintla inter lapides in Finca Los Diamantes: Sel. n. 2451. — Flor.: Nov.

Heleocharis geniculata R. Br.

Vulg.: « camalote ».

Hab. in Guatemala, in dept. Alta Vera Paz, in fossis ad Petet apud. Coban : Sel. n. 2403. — Flor: Dec.

H. ochreata Nees.

Hab. in Mex., in prov. Chiapas in stagnosis ad Comitan: Sel. n. 2773. — Flor.: Aug.

Fimbristylis monostachya Hassk. forma spiculis duabus subrara.

Hab. in Guatemala, in dept. Huehuetenango, in collibus siccis in 1600 m. altitud. ad Chaculá : Sel. n. 2964. — Flor.: Jun.

Bulbostylis capillaris Kunth.

Hab. in Guatemala, in dept. Huehuetenango, in distr. Nenton, in montibus calcareis iuxta Caxackanal : Sel. n. 3097. — Flor.: Jul.

B. Funckii Steud. sub. *Isolepide* (= *Scirpus heterocarpus* S. Watson).

Hab. in Guatemala, in dept. Huehuetenango ad. Malacatan : Sel. n. 3284. — Flor.: Sept.

Dichromena ciliata Vahl.

Hab. in Guatemala, in dept. Huehuetenango in pineto supra Nenton in 1200—1400 m. altitud.: Sel. n. 2899. — Flor.: Jun.

D. radicans Cham. et Schlechtd.

Hab. in Guatemala, in dept. Izabal in valle « Rio Motagua » apud Los Amates: Sel. n. 3355. Flor.: Jan.

Rynchospora aristata Boeck. (= *Calypstrostylis Schiedeana* Liebm.)

Hab. in Guatemala, in dept. Huehuetenango, in distr. Nenton, inter plantas, in campis anno præcedente Zea plantata obtectis propullulantes in regione montana humida apud Yalambohoch et in silvis umbrosis ad Trinidad : Sel. n. 2722, 3076. — Flor. : Aug.

R. cyperoides Mart.

Hab. in Mex., in prov. Chiapas in pratis apud Comitan : Sel. n. 3077. — Flor.: Aug.

R. polyphylla Vahl.

Hab. in Guatemala, in dept. Huehuetenango, in distr. Nenton, ad Yalambohoch in silva primæva : Sel. n. 3044. — Flor. : Aug.

R. relutina Boeck. var. *semihirsuta* (Boeck.) C. B. Clarke.

Hab. in Guatemala, in dept. Alta Vera Paz, in fossis ad Petet apud Coban : Sel. n. 2401. — Flor.: Dec.

Scleria bracteata Cav.

Hab. in Mex., in prov. Chiapas, in distr. Chilon, in clivis ad San Martin : Sel. n. 2280. — Flor.: Mart.

Uncinia Jamaicensis Pers.

Hab. in Guatemala, in dept. Chimaltenango, in umbrosis atque humidis cupressetis in Sierra Santa Elena apud Tecpam Guatem. in 3000 m. altitud.: Sel. n. 2355. — Flor.: Sept.

Carex cladostachya Wahlbg.

Hab. in Mexico. in prov. Chiapas, in distr. Comitan in silvis umbrosis ad Sacchaná. et in Guatemala, in dept. Huehuetenango ad Chacula : Sel. n. 3045 et 3221. — Flor. : Aug.

C. Halleriana Asso.

Hab. in Guatemala, in dept. Huehuetenango, in distr. Nenton, in silvis et collibus calcareis ad Chacula in 1600 m. altitud.: Sel. n. 2855 et 3125. — Flor.: Jun. et Aug.

ARACEÆ, det. A. Engler.

Anthurium Seleri Engl. in Bot. Jahrb. XXV 1898. p. 459.

Habit. in Guatemala, in dept. Huehuetenango in silvaticis supra parietinas calcareas iuxta Chacula : Sel. n. 2643. — Flor. : Apr.

Dieffenbachia Oerstedii Schott, Engl. in Bot. Jahrbüch. XXVI, p. 556.

Hab. in Guatemala, in dept. Escuintla in valle Cucunya iuxta San Andres Osuna : Sel. n. 2389. — Flor. carn. : Maj.

ORCHIDACEÆ, det. R. Schlechter.

Platanthera sparsiflora Schltr. (= *Habenaria sparsiflora* Watson).

Hab. in Guatemala, in prov. Chimaltenango, in apertis cupressetorum prope

Terpam Guatemala in « Sierra S. Elena » : Sel. n. 2294; in prov. Quezaltenango, in silvis montium inter Totonicapan et Los Encuentros : Sel. n. 2295. — Fl. virid. : Sept.

Habenaria clypeata Ldl.
Hab. in Guatemala, in provincia Huehuetenango, in pinetis apertis prope San Andres : Sel. n. 3226. Sept.

H. diffusa A. Rich. et Gal.
Hab. in Guatemala, in provincia Huehuetenango, in fruticetis prope San Andres : Sel. 2736. — Fl. virid. : Sept.

H. maculosa Ldl.
Hab. in Guatemala, in provincia Alta Vera Paz, in graminosis, ad Petet prope Coban : Sel. n. 3408. — Fl. alb. : Dec.

H. filifera Wats.
Habitat in Guatemala, in provincia Huehuetenango, in humidis prope Cuesta de la Concepcion : Sel. n. 2739. — Fl. virid. : Sept.

Nahe mit der chilenischen *H. maxillaris* Ldl. verwandt, von ihr jedoch durch die bedeutend längeren vorderen Segmente der Sepalen, das Labellum und den weniger stumpfen Sporn unterschieden; auch habituell durch gleichmässigere Belaubung zu erkennen. Sollte nicht Reichenbachs *H. maxillaris* in Beitr. Orch. Centr. Amer. hierher gehören ? Das plötzliche Auftreten einer rein chilenischen Art in Central-Amerika scheint mir sehr zweifelhaft.

H. Selerorum Schltr. n. sp. Gracilis erecta vel adscendens, c. 40 cm. alta; caule tereti, subflexuoso, pennæ anserinæ crassitudine, foliato, glaberrimo; foliis erecto-patentibus oblongis vel oblongo-ellipticis, glaberrimis, reticulato-venosis, basi vaginantibus usque ad 7 cm. longis, ad apicem caulis versus sensim decrescentibus; racemo oblongo vel cylindrico laxe purifloro; bracteis ovatis acutis vel acuminatis ovario graciliter pedicellato multo brevioribus; floribus viridi-flavescentibus illis *H. alatæ* Hk. fere æquimagnis; sepalo intermedio suborbiculari obtuso, 0,6 cm. diam., cucullato, sepalis lateralibus deflexis obliquis late oblongis apice breviter acuminatis 0,6 cm. longis, medio fere 0,4 cm. latis; petalis erectis oblongis apice truncato-obtusissimis, carnosulis, basi haud dentatis, 0,5 cm. longis, medio fere 0,2 cm. latis; labello deflexo, lineari obtuso, basi interdum utrinque denticulo minuto donato, 0,8 cm. longo, vix 0,2 cm. lato, carnosulo, calcare filiformi acuto dependente, ovarium bene excedente, c. 3 cm. longo; anthera emarginata, canalibus gracilibus adscendentibus; rostello humili, lobo intermedio triangulari obtusiusculo carnoso; processibus stigmaticis crassis, clavatis, canilibus antherarum duplo brevioribus, apice cohærentibus; capsula clavata, glabra, pedicellata.

Habitat in Guatemala, in provincia Alta Vera Paz, ad margines silvarum prope Coban : Sel. n. 2492. — Dec.

Diese Novität gehört in die Gruppe der *Odontopetalae* und zwar in die Nähe der *H. alata* Ilk. Sie weicht von dieser in vielen Charakteren ab, so im Habitus, dem gestielten Ovarium und dem langen fadenförmigen Sporn.

H. vaginata A. Rich.

Habitat in Mexico: In provincia Chiapas, in pratis humidis prope Comitan : Sel. n. 3041. — Fl. virid. : Aug.

Spiranthes aurantiaca Hemsley.

Habitat in Mexico, in provincia Chiapas, in pratis humidis prope lagunam Tepancuapam : Sel. n. 2311. — Fl. aurant. : Aug.

S. cinnabarina Hemsley.

Habitat in Guatemala, in provincia Huehuetenango, in graminosis lapidosisque prope Chacula, alt. c. 1600 m. : Sel. n. 2398; in collibus calcareis iuxta Caxackanal : Sel. n. 2396, 2399, 2386. — Flor. aurant. : Jul.-Aug.

S. ochracea A. Rich. et Gal.

Habitat in Guatemala, in provincia Huehuetenango, in umbrosis quercetorum iuxta Uaxackanal solo argillaceo: Sel. n. 3068. — Flor. albid. viridi-venos. : Jul.

Verglichen mit dem Original in Paris durch Herrn Finet. Nicht im Hemsl.-Biolog. erwähnt.

Cranichos Schaffneri Rchb. f.

Habitat in Mexico, in provincia Mechoacan, in fruticetis humidis inter Selaginellas supra «Monte Calvario» prope Patzcuaro : Sel. n. 1285. — Flor. virid. : Nov.

C. thysanochila Rob. et Greenm.

Habitat in Mexico, in provincia Oaxaca, in umbrosis pinetorum quercetorumque prope Canada Sta. Maria in solo calcareo: Sel. n. 1409. — Flor. nivei : Dec.

Ponthieva glandulosa R. Br.

Habitat in Guatemala, in provincia Salama, in silvis montium ad Cuesta de Choacuz : Sel. n. 2444. — Flor. albid. : Dec.

P. Guatemalensis Rchb. f. ?

Habitat in Guatemala, in provincia Huehuetenango, in clivis montium supra Tod. los Santos: Sel. n. 2756. — Flor. albid. : Sept.

Microstylis longisepala Ridl.

Habitat in Guatemala, in provincia Huehuetenango, in graminosis silvarum humidarum pr. Pocobastic : Sel. n. 3050. — Flor. virid. : Aug.

M. minutiflora Schltr. n. sp. Erecta, habitu *M. monophyllos* Ldl., 15-20 cm. alta, herbacea; caule stricto, medio unifoliato, tereti, glaberrimo, basi vagina brevi excisa (an semper?) donato, c. 0,3 cm. crassitudinis; folio erecto vel suberecto lanceolato-oblongo obtusiusculo, basi vaginante, 7-8 cm. longo, medio fere vix 2 cm. lato; spica subdense multiflora cylindrica, folium excedente; bracteis minutis deltoideis, erecto-patentibus, pedicello florum multo brevioribus; floribus graciliter pedicellatis, in genere minimis, viridibus; sepalis æqualibus lineari-ligulatis obtusis, uninerviis, 0,1 cm. longis; petalis-linearibus obtusiusculis, sepalis paullo brevioribus; labello concavulo erecto, deltoideo acuto vel leviter acuminato, basi auriculato hastato, 0,1 cm. longo, basi intus callis 2 minutis rotundatis ornato; columna brevi; anthera obtusa; ovario graciliter pedicellato clavato, glaberrimo.

<small>Habitat in Guatemala, in provincia Huehuetenango, in planitie inter Todos los Santos et Chiantla, alt. 3000 m. : Sel. n. 2347. — Flor. virid. : Sept.</small>

<small>Ich schlage vor, die eben beschriebene Pflanze neben *M. majanthemifolia* Rchb. f. aus Mexico unterzubringen. Die Gestalt des Labellums ist ähnlich, doch sind die Blätter erheblich verschieden, ebenso die Sepalen und Petalen. Unter allen bisher bekannt gewordenen Arten hat *M. minutiflora* die kleinsten Blüten.</small>

Stelis Guatemalensis Schltr. n. sp. Gracilis, cæspitosa; caulibus gracilibus, teretiusculis, vaginis 2, alte vaginantibus vestitis, glaberrimis; folio lanceolato-oblongo apice breviter et obtuse bilobulato, basi sensim in petiolum angustato, coriaceo, petiolo incluso 6-9 cm. longo, medio fere 1 cm. lato; spicis gracilibus vulgo geminis laxe multifloris, folium plus minus excedentibus, interdum paullo breviorioribus; bracteis cucullatis obtusis, ovario pedicellato æquilongis, glabris; floribus parvulis nutantibus luride virescentibus, bilabiatis; sepalo dorsali concavo oblongo obtuso, trinervio, glaberrimo, 0,2 cm. longo, sepalis lateralibus intermedio paullo brevioribus trinerviis in labium inferius late oblongum apice breviter excisum connatis; petalis minutis rhomboideis obtusangulis; labello orbiculari apice in apiculum brevem producto, concavo, intus, longitudinaliter lineis 2 incrassatis ornato, sepalis crassiore, petalis paullo majore ; ovario cylindrico, pedicello æquilongo.

<small>Habitat in Guatemala, in provincia Huehuetenango, epiphytica in arboribus silvæ primævæ prope Yalambohoch : Sel. n. 2316. — Aug.</small>

<small>In der Gruppe der *Labiatæ* neben *S. pardipes* Rchb. f. unterzubringen.</small>

Pleurothallis spec.

<small>Habitat in Mexico, in provincia Chiapas, epiphytica in quercetis inter Bahucuc et Yaxba : Sel. n. 2645. — Flor. flav. : Mart.</small>

<small>Sämtliche Blüten des einzigen Exemplares sind in ihrer Entwicklung bereits zu weit vorgeschritten. Offenbar gehört die Pflanze zur Gruppe der « *Elongatæ* ».</small>

Physosiphon Loddigesii Ldl.

<small>Habitat in Mexico, in provincia Chiapas, in quercetis inter Bahucuc et Yaxba : Sel. n. 2644 (cum a : *Epidendro ochraceo* Ldl. et b : *Epidendr. polybulbone* Sw.). ; et in Guatemala, in provincia Huehuetenango, epiphytica in rupibus calcareis prope Quen Santo : Sel. n. 2995. — Flor. aur. : Mart. et Jul.</small>

Isochilus linearis R. Br.

<small>Habitat in Guatemala, in provincia Huehuetenango, epiphytica in arboribus rupibusque iuxta Uaxackanal : Sel. n. 2724. — Flor. ros.: Aug.</small>

J. spec.

<small>Habitat in Mexico, in provincia Chiapas, epiphytica in quercibus iuxta Hunkanal : Sel. n. 2604 a. — Mart.</small>

<small>Exemplar ohne Blüten.</small>

J. spec.

Habitat in Mexico, in provincia Chiapas, una cum praecedente : Sel. n. 2604 *b*. — Mart.

Exemplare ohne Blüten.

Seraphyta diffusa Schltr. (= *Epidendrum diffusum* Sw., *Seraphyta multiflora* Fisch. et Mey.)

Habitat in Guatemala, in provincia Huehuetenango, in quercetis prope Chaculá, iuxta Uaxackanal, alt. 1400-1600 ped. : Sel. n. 2320 u. 2321. — Flor. fusco-purpur : Aug.

Coelia macrostachya Ldl.

Habitat in Guatemala, in provincia Huehuetenango, in rupibus calcareis erosis prope Chaquial : Sel. n. 2344. — Flor. ros. : Sept.

Arpophyllum alpinum Ldl.

Habitat in Guatemala, in provincia Chimaltenango, in cupressetis montium « Sierra Sta. Elena » alt. c. 3000 m. : Sel. n. 2307. — Fl. ros. : Sept.

A. giganteum Ldl.

Habitat in Guatemala, in provincia Escuintla, epiphytica in arboribus silvarum primaevarum prope Finca Java : Sel. n. 2455. — Nov.

Hartwegia purpurea Ldl.

Habitat in Guatemala, in provincia Chimaltenango, in quercetis prope Poaquil : Sel. n. 2623. — Fl. laete ros. : Apr.

Epidendrum atropurpureum Willd.

Habitat in Mexico, in provincia Chiapas, epiphyticum in arboribus rupibusque prope Cerro de Tonalá : Sel. n. 1803. — Fl. brunn., labello purpureo : Febr.

E. aurantiacum Batem.

Habitat in Guatemala, in provincia Chiquimula, in pinetis et in rupibus supra Esquipulas : Sel. n. 3423. — Flor. aurant. : Jan. (Specim. cult. : Sel. n. 2545).

E. ciliare L.

Habitat in Guatemala, in provincia Huehuetenango, in arboribus prope Quen Santo, alt. 1300 m. — Sel. n. 2315. — Flor. niv. : Aug.

E. cochleare L.

Habitat in Guatemala, in provincia Huehuetenango, in quercibus prope Chacula : Sel. 2306; in arboribus prope Quen Santo : Sel. n. 2328 u. 3002. — Jul.-Sept.

E. erubescens Ldl.

Habitat in Mexico, in provincia Oaxaca, in Cerro San Felipe : Sel. n. 1401. — Nov.

E. glumaceum Ldl. var?

Habitat in Guatemala, in provincia Huehuetenango, in quercibus prope Chacula : Sel. n. 2327. — Aug.

Es ist wahrscheinlich, dass diese Pflanze als neue Art zu betrachten sein wird; leider ist das Material zu spärlich um hier diese Frage endgültig zu entscheiden

E. ochraceum Ldl.

Habitat in Guatemala, in provincia Huehuetenango, in rupibus prope Quen Santo, alt. 1300 m. : Sel. n. 2991 : et in prov. Chimaltenango in quercibus prope Poaquil : Sel. n. 2394. — Fl. flavid. : Apr. et Jul.

E. papyriferum Schltr. n. sp. Gracilis, decumbens, pseudobulbis angustis subcylindricis, basin versus paullo dilatatis, vaginis papyraceis arcte amplectentibus vestitis, 5—7 cm. longis supra basin 0.5 cm. diam. 2- (vel rarius 3-) foliatis; foliis linearibus obtusis, apice breviter ac obtuse bilobulatis, 13- 17 cm. longis, medio fere 1—1.2 cm. latis; pedunculo terminali gracili, folia paulo excedente, basi vagina arcte amplectente vestito, medio squamellis 2 —3 minutis deltoideis acuminatis ornato; racemo laxe plurifloro, folia excedente; bracteis minutis deltoideis ovario pedicellato multoties brevioribus; floribus erecto-patentibus « flavidis brunneo-punctatis » (fde. collectoris) c. 1.5 cm. diam., crassioribus; sepalis oblongo-ligulatis basin versus paullo angustatis, apice obtusis, trinerviis, 1.2 cm. longis, infra apicem 0.3 cm. latis; petalis erecto-patentibus oblongis obtusis vel breviter apiculatis trinerviis, sepalis valde similibus, vix minoribus, labello columnæ basi tantum adnato, trilobo, medio callo aureo apice trilobulato longitudinali ornato, 1.2—1.3 cm. longo, lobis lateralibus oblongis valde obtusis, lobo intermedio oblongo truncato-obtusissimo, laterales excedente, margine undulato-crispato, labello medio apice loborum lateralium 1.2 cm. lato (explanato); columna semitereti; 0,4 cm. longa, clinandrio, trilobo, lobis alte laceratis; anthera subglobosa obtusissima polliniis ovoideis compressis; ovario pedicellato clavato glaberrimo.

Habitat in Mexico, in provincia Chiapas, in quercetis inter Bahueue et Yaxha: Sel. n. 2603. -- Mart.

In der Sektion *Encyclium* zur Gruppe der « *Sarcochilu* » zu bringen, daselbst mit *E. ochraceum* Ldl. verwandt. Durch bedeutend grössere Blüten und durch das Labellum ausgezeichnet.

E. polyanthum Ldl.

Habitat in Guatemala, in provincia Huehuetenango, epiphyticum in arboribus rupibusque prope Quen Santo: Sel. n. 2314. — Fl. flavid.: Jul.

E. radiatum Ldl.

Habitat in Guatemala, in provincia Huehuetenango, in quercetis inter Laxaekanal et Can-quintic, alt 1300 m.: Sel. n. 2312. — Flor. flavesc.: Jul.

E. radicans Pav.

Habitat in Mexico, in provincia Chiapas, in silvis montium inter Oxchuc et San Martin : Sel. n. 2590 et in Guatemala, in provincia Escuintla, in fruticetis saxosisque in rivulis vulcani « del Fuego » prope Asuncion : Sel. n. 2466. — Flor. aurantiac. : Nov.

E. verrucosum Sw. (nec. Ldl.)

Habitat in Mexico, in provincia Chiapas, in montibus inter Oxchuc et San Martin : Sel. n. 2619. — Fl. albid. : Mart.

Meiracyllium Gemma Rchb. f.

Habitat in Guatemala, in provincia Huehuetenango, in rupibus calcareis prope Quen Santo : Sel. n. 2817. — Fl. ros. : Jul.

Lælia autumnalis Ldl.

Habitat in Mexico, in provincia Oaxaca, in Cerro de San Felipe : Sel. n. 1406. — Nov.

Sobralia decora Batem.

Habitat in Guatemala, in convalle umbrosa juxta flumen « Rio de Vacas ». ad Salida de Izabal : Sel. n. 2296. — Fl. roseis : Oct.

S. macrantha Ldl.

Habitat in Guatemala, in provincia Huehuetenango, in truncis arborum in quercetis prope Chaculà, alt. c. 1600 m. : Sel. n. 2397. — Flor. ros. : Aug.

Bletia campanulata Lalav. et Lex.

Habitat in Mexico, in provincia Michoacan, in fruticetis clivorum supra Monte Calvario prope Pàtzcuaro : Sel. n. 1216. — Fl. violaceo-purp. : Nov.

B. Parkinsonii Hook.

Habitat in Mexico, in provincia Oaxaca, in clivis lapidosis calcareis prope San Miguel Achiutla: Sel. n. 1461. — Fl. pallide violac. : Dec.

B. verecunda R. Br.

Habitat in Mexico, in provincia Chiapas, in silvis montium juxta viam ad Cinacautan : Sel. n. 2268, in monte Cerro de Tonala : Sel. n. 1849, in clivis montium inter Oxchuc et San Martin : Sel. n. 2200. — Fl. ros. vel violac. : Febr.-Mart.

Govenia deliciosa Rchb. f.

Habitat in Guatemala, in provincia Huehuetenango, in fruticetis humidis prope Yalambohoch: Sel. n. 2325. — Flor. flavesc. : Aug.

Maxillaria vel *Ornithidium* sspp.

I. Habitat in Mexico, in provincia Chiapas, in quercibus juxta Hunkanal : Sel. n. 2319. — Fl. brunn. : Mart.

Leider ist das Exemplar ohne Blüten.

II. Habitat in Mexico, in provincia Chiapas, in quercibus inter Bahueue et Yaxha : Sel. n. 2646. — Fl. flav. : Mart.

Ebenfalls ohne Blüten.

Oncidium ornithorrhynchium H. B. Kth.

Habitat in Guatemala, in provincia Escuintla, in arboribus silvarum primævarum prope Finca-Java : Sel. n. 2453. — Fl. pallide ros. : Nov.

O. reflexum Ldl.

Habitat in Guatemala, in provincia Escuintla, in arboribus silvarum primævarum prope Finca-Java : Sel. n. 2454. — Fl. aur. brunneo-macul. : Nov.

Odontoglossum bictoniense Ldl.

Habitat in Guatemala, in provincia Huehuetenango, terrestris in silvis prope Cuesta de la Concepcion : Sel. n. 2326. — Sept.

Orchidacearum species indeterminabilis.

Habitat in Guatemala, in provincia Huehuetenango, in truncis arborum in silvis primævis prope Yalambohoch: Sel. n. 2305. — Aug.

Die Pflanze gehört vielleicht zu den *Gongorinæ*, kann aber nicht bestimmt werden, da die Blüten gänzlich verdorben sind.

PIPERACEÆ det. Cas. de Candolle.

Piper angustifolium R. et Pav.
Vulg.: «Cordoncillo».
Hab. in Mex., in prov. Hidalgo prope Huejutla: Sel. n. 887. — Flor. Apr.

P. subpeltatum Willd.
Hab. in Guatemala, in dept. Izabal in valle Rio Motagua in palmeti margine ad Los Amates: Sel. n. 3327. — Flor.: Jan.

P. tuberculatum Jacq.
Vulg.: «Cordoncillo».
Hab. in Mex., in prov. Chiapas ad ripam fluvii ad Tonalá: Sel. n. 1872. — Flor.: Febr.

P. unguiculatum R. et Pav.
Vulg.: «Cordoncillo», «yé-dána».
Hab. in Mex., in prov. Oaxaca, in distr. Tehuantepec ad Huilotepec: Sel. n. 1776. — Flor.: Jan. — Wird wegen seines Wohlgeruchs zur Bekränzung der Heiligenbilder verwandt.

Peperomia galioides Kunth.
Hab. in Mex., in prov. Mechoacan in muris ad Tzintzuntzan: Sel. n. 1329. — Flor.: Oct.

P. hispidula A. Diet.
Hab. in Guatemala, in dept. Huehuetenango, in distr. Jacaltenango ad Todos los Santos inter murorum lapides: Sel. n. 2745. — Flor.: Sept.

P. pellucida Kunth.
Hab. in Guatemala, in dept. Huehuetenango inter Todos los Santos et Chiantla in cordillera: Sel. n. 3114. — Flor.: Sept. — Det. John Donn. Smith.

P. reflexa A. Dietr.
Hab. in Mex., in prov. Chiapas, in distr. Comitan, in arboribus ad Hunkanal: Sel. n. 2547. — Flor.: Mart.

P. umbilicata R. et Pav.
Hab. in Guatemala, in dept. Huehuetenango inter Todos los Santos et Chiantla in cordilleræ clivo in saxis et in distr. Malacatan in Estancia de la Virgen in arborum pede: Sel. n. 2731 et 2743. — Flor.: Sept.

SALICACEÆ, det. O. von Seemen.

Salix taxifolia Kunth.
Hab. in Mex., in prov. Oaxaca in distr. Yauhtepec in valle fluvii « Tehuantepec » infra Totolapam: Sel. n. 1755. — Flor. et fruct.: Jan.

BETULACEAE, det. O. von Seemen.

Alnus Jorullensis H. B. K. var. *castanifolia* Reg.

Hab. in Mex., in prov. Oaxaca, ad rivulos prope Tlaxiaco et prope S. Martin: Sel. n. 1459 et 1470. — Flor. et fruct.: Dec.

FAGACEAE, det. O. von Seemen.

Quercus acutifolia Née var. *angustifolia* DC.

Vulg.: «encino de agua», «arbol de agua», «tnu-nyú» (mixt. = «Baum des Landes»).

Hab. in Mex., in prov. Oaxaca in distr. Nochistlan in silva montosa supra Teromatlan: Sel. n. 1595.

Q. acutifolia Née var. *Bonplandii* DC.

Hab. in Mex., in prov. Oaxaca in distr. Nochistlan in silva montosa inter Cuauhtlilla et Quilitongo, et in distr. Chiapas in clivo Hacienda de Calvario: Sel. n. 1484 et 2072. — Flor.: Mart.; fruct.: Nov. — In Nochistlan «Bestand bildend mit encino blanco (= *Q. oblongifolia* Torr.) und Thuya».

Q. acutifolia Née var. *lanceolata* DC.

Hab. in Mex., in prov. Oaxaca, in distr. Cuicatlan prope Salome: Sel. n. 63. — Fruct.: Jun.

Q. conspersa Benth.

Hab. in Mex., in prov. Oaxaca, in silva montana inter San Carlos et San Bartolo Yauhtepec: Sel. n. 1630.

Q. conspersa Benth. vel affinis.

Hab. in Mex., in prov. Chiapas, in distr. Comitan in pineto-querceto inter Bahucuc et Yaxhá: Sel. n. 2583. — Flor. et fol. novell.: Mart.

Q. Hartwegii Benth. vel affinis.

Hab. in Mex., in prov. Chiapas, in pineto inter distr. Tonalá et Tuxtla Gutierrez ad Cuesta San Fernando: Sel. n. 1853.

Quercus Mexicana H. et B. (= *Q. crassipes* H. et B.).

Hab. in Guatemala, in dept. Huehuetenango, in distr. Nenton in montibus calcareis parce silvigeris ad Uaxackanal: Sel. n. 2667. — Fruct. juven.: Aug.

Q. oblongifolia Torr. vel affinis.

Vulg.: «chaparro», «encino blanco».

Hab. in Mex., in prov. Oaxaca, in distr. Nochistlan in Canada infra Cuauhtlilla, et in distr. Tlacolula in Canada supra Totolapam totos montium clivos cum Acaciis et Cereis obtegens, et in distr. Yauhtepec apud Agua escondida: Sel. n. 1483, 1752, 1757.

Q. polymorpha Cham. et Schlechtd.

Hab. in Guatemala, in dept. Huehuetenango, in distr. Nenton in collibus calcareis in 1300—1400 m. altitud. ad Uaxackanal, silvas formans cum Thuyis, Acaciis, Ficis, aliisque: Sel. n. 3067. — Fruct. juven.: Aug.

Q. reticulata H. et B.

Vulg.: « chaparro », « tnu-yaha » (mixt. = « gemeiner Baum »?).

Hab. in Mex., in prov. Oaxaca, in distr. Nochistlan in silva montana inter Cuauthlilla et Quilitongo et supra Tecomatlan, silvas formans cum aliis quercuum speciebus et cum Thuyis: Sel. n. 1482 et 1593. — Flor. et fol. novell.: Dec

Q. reticulata H. et B. var. *Segoviensis* Wg.

Vulg. « encino amarillo », « tnu-yña ».

Hab. in Mex., in prov. Oaxaca in distr. Nochistlan in silvis montanis supra Tecomatlan et supra San Carlos Yauhtepec et in prov. Chiapas in distr. Comitan una cum pinis supra Saconeja: Sel. n. 1594, 1761, 2586. — Flor. et fol. novell.: Mart.

Q. reticulata H. et B. vel affinis.

Vulg.: « encino amarillo ».

Hab. in Mex., in prov. Oaxaca, in distr. Nochistlan ad Cuauhtlilla et in silva montana inter San Carlos et San Bartolo Yauhtepec : Sel. n. 1587 et 1631.

Q. tomentosa Willd.

Hab. in Mex., in prov. Oaxaca, in distr. Cuicatlan prope Salome, et in Guatemala in dept. Huehuetenango, in distr. Nenton in montibus calcareis parce silvigeris ad Uaxackanal : Sel. n. 62 et 2668. — Fruct.: Jun. et Aug.

MORACEÆ.

Dorstenia contrajerva L.

Hab. in Guatemala, in dept. Escuintla in locis humidis umbrosis in valle Cucunya apud Los Diamantes et in dept. Alta Vera Paz ad Coban : Sel. n. 2512 et 3411. — Flor.: Maj. et Dec.

POLYGONACEÆ H., det. G. Lindau.

Eriogonum annuum Nutt.

Hab. in Texas ad Cotulla: Sel. n. 1020. — Flor. : Oct.

Polygonum spec. forsan nova.

Hab. in Guatemala in dept. Huehuetenango in Cuesta de la Concepcion sub fruticibus: Sel. n. 3245. — Flor.: Sept.

Coccoloba spec. affinis *C. Schiedeanæ* Lind., verosimiliter nova.

Hab. in Mexico, in prov. Oaxaca in ripa fluvii Arroyo ad S. Carlos Yauhtepec: Sel. n. 1642. — Fruct.: Jan.; florib. mancis.

C. Liebmannii Lindau.

Hab. in Mexico, in prov. Oaxaca in collibus aridis ad Tequisistlan: Sel. n. 1719. — Flor.: Jan.

Triplaris auriculata Meissn.

Hab. in Mexico in prov. Chiapas in silva inter Tapána et La Junta in distr. Tonalá: Sel. n. 2015. — Fruct.: Febr.

Podopterus mexicanus H. B. K.

Hab. in Mexico in prov. Oaxaca in collibus aridis ad Tequisistlan et in prov. Colima ad Manzanillo: Sel. n. 1718 et 3424. — Fruct.: Jan.-Mart.

MENISPERMACEAE II.

Cocculus oblongifolius DC. forma *angustifolia* Eichl.

Hab. in Mex., in prov. Nuevo Leon ad Monterey et in prov. Oaxaca in distr. Tehuantepec ad Huilotepec: Sel. n. 1048 et 1778. — Flor.: Jan; fruct.: Oct.

Cissampelos Pareira Lam.

Hab. in Mexico in prov. Chiapas in distr. Tuxtla Gutierrez ad Ocozuquauhtla et in Guatemala in distr. Escuintla ad San Andres Osuna et in dept. Zacapa in valle ad Tutumajio apud S. Agustin Acasaguastan: Sel. n. 1947, 2572, 3303. — Flor.: Febr.-Maj.; fruct.: Dec.

C. Pareira Lam. forma inflorescentiarum bracteis minoribus recedens.

Hab. in Guatemala in dept. Huehuetenango in distr. Nenton in via publica in Quen Santo: Sel. n. 2996. — Flor. Jul.

MORINGACEAE.

Moringa oleifera Lam.

Hab. in Guatemala in dept. Zacapa ad Santa Madalena Acasaguastan in collibus aridis et in Mexico in Colima culta: Sel. n. 3300 et 3428. — Flor. in Guat.: Dec.; in Mex.: Apr.

LEGUMINOSAE III., det. H. Harms.

I. CAESALPINIOIDEAE.

Bauhinia amblyophylla Harms n. sp. (Sect. *Casparia*); frutex ramulis molliter pubescentibus, demum glabrescentibus; foliis peliolatis (petiolo velutino-pubescente), ambitu suborbicularibus, basi leviter cordatis vel truncatis, supra puberulis, subglabrescentibus, subtus dense tomentellis, foliolis ultra medium vel alte (ad $^5/_6$ vel ultra $^5/_6$ longitudinis) connatis, rotundatis, 4-nerviis vel 3-nerviis; racemis multifloris pubescentibus; calycis limbo spathaceo, extus pubescente; petalis 5, unguiculatis, lamina lanceolata; stamine fertili unico, filamento elongato, ceteris filamentis in tubum intus apertum connatis.

Blattstiel etwa 2 cm. lang. Blättchen 4,5-7,5 cm. lang, 2,5-4 cm. breit, über die Mitte, bisweilen fast bis zur Spitze verwachsen (sodass das ganze Blatt oben nur schwach ausgerandet ist), oben gerundet. Bezüglich der Blüthen stimmt die

Art fast ganz mit der weit verbreiteten und sehr variabeln *B. divaricata* L. überein. Vielleicht ist die neue Art überhaupt eher als Varietät dieser anzusehen; auffällig sind jedenfalls die nicht spitzen oder nur stumpfen, sondern abgerundeten, sehr weit hinauf verwachsenen, relativ stark behaarten Blättchen. Die Blüthen sind nach Seler weiss.

Habitat in Mexico, in prov. Oaxaca, in distr. Tehuantepec in valle silvatica inter Tequisistlan et Jalapa et in distr. Juchitan in silva planitiei ad Tapana : Sel. n. 1689 et 1890. — Flor. : Jan.-Febr.

B. divaricata L.

Hab. in Mex., in prov. Oaxaca, in collibus siccis silvigeris ad San Bartolo Yauhtepec et in prov. Chiapas in distr. Tuxtla Gutierrez ad Hac. Petapa : Sel. n. 1694 et 1940. — Flor. : Jan. et Febr.

B. Lunaria Cav.

Hab. in Mex., in prov. Oaxaca in distr. Tehuantepec in valle silvatica inter Tequisistlan et Jalapa : Sel. n. 1687. — Flor. : Jan.

B. Seleriana Harms. n. sp. (Sect. *Pauletia*); arbor ramulis dense ferrugineo-tomentosis vel velutinis, demum glabris; foliis petiolatis, petiolo velutino; lamina suborbiculari-ovata vel suborbiculari, basi leviter cordata vel emarginata, ad $^{1}/_{4}$-$^{1}/_{2}$ longitudinis bilobata (lobis rotundatis vel obtusis, rarius subacutis), 9-11-nervia, supra glabra, subtus molliter tomentella; racemis foliis oppositis, satis elongatis, purifloris vel multifloris, tomentello-velutinis; floribus pedicellatis, bracteis linearibus, brevibus; alabastris acuminatis; receptaculo brevissimo, calycis limbo spathaceo, demum reflexo, acuminato, apice denticulato, extus velutino-puberulo; petalis 5, breviter unguiculatis, oblanceolatis vel oblongo-oblanceolatis, in unguem angustatis, obtusis vel subacutis, glabris vel subglabris; staminibus 10, alternis brevioribus et longioribus, filamentis glabris, basi in coronula quadam marginem receptaculi cingente pilosiuscula cohaerentibus; ovario lineari, pubescente.

Nach Seler hohe Bäume mit weissen Blüthen. Blattstiel 10-20 mm lang. Blätter im Maximum etwa 6-7 cm. lang, 5.5-6,5 cm. breit. Trauben 3-8 cm. lang. Blüthenstiele 4-5 mm. lang. Der zurückgeschlagene Kelchsaum 12-13 mm. lang. Blumenblätter 11-13 mm. lang.

Habitat in Guatemala in dept. Huehuetenango, ad Quen Santo in clivis et collibus apricis calcareis, in circ. 1100 m. altitud. : Sel. n. 2797 et 3031. — Flor. : Jul. et Aug.

Diese Art dürfte der mir unbekannten *B. Andrieuxii* Hemsley in Biolog. Centrali-Americ. I, 336 nahe kommen, die jedoch nur 3-4 blütige Trauben und kleinere Blätter (8 lines long) besitzen soll.

Cassia Cæciliæ Harms n. sp.; frutex ramis pubescentibus vel puberulis, demum glabrescentibus; foliis petiolatis 7-9-jugis, elongatis, petiolo communi puberulo, inter pleraque paria foliolorum glandulis instructo, foliolis brevissime petiolulatis, anguste ellipticis vel oblongis, basi rotundatis, apice obtusis, membranaceis, glabris, subtus ad nervum medium puberulis vel subglabris, subtus subglaucis; stipulis elongatis, subulato-linearibus, deciduis; racemis axillaribus, elongatis, longe pedunculatis, multifloris vel plurifloris, puberulis; bracteis lanceolatis vel ovato-lanceolatis, subulatis, pedicellis brevioribus; calyce glabro, sepalis suborbicularibus, staminibus fertilibus 7, antheris brevissime obtuse rostratis; ovario pubescente.

Blattspindel etwa 15-20 cm. lang; davon der Stiel 4-6 cm. lang. Blättchenstiele 2-4 mm. lang, Blättchen 3-5 cm. lang, 1,5-2.3 cm. breit, unterseits etwas graugrünlich. Nebenblätter etwa bis 1,7 cm. lang. Trauben (mit Stiel) 15-22 cm. lang, der Stiel etwa 8-10 cm. lang. Blüthenstiele 10-15 mm. lang. Kelch etwa 5-6 mm. Blüthen gelb.

Habitat in Guatemala, in dept. Huehuetenango, ad Todos los Santos, in fruticetis: Sel. n. 3172. — Flor.: Jun.

Da Früchte nicht bekannt sind, so ist die genaue Stellung der Art nicht mit Sicherheit anzugeben. Sie dürfte aber wohl am besten in die Gruppe *Chamaesenna* § *Pachycarpæ* Bth. einzureihen sein, innerhalb deren sie sich unter anderem durch die relativ grossen Blätter auszeichnet.

C. Chamæcrista L.
Vulg.: « wild coffee ».
Hab. in Texas ad Galloway: Sel. n. 1009. — Flor. : Oct.

C. flexuosa L.
Vulg. : « tamarindillo ».
Hab. in Mex. in prov. Oaxaca, in distr. Juchitan inter Chicapa et Izhuatan ad lacus marginem : Sel. n. 1977 et 2027. — Flor. et fruct. : Jan.

C. glandulosa L.
Hab. in Guatemala, in clivis siccis in Barranca del Rio de las Vacas, ad Salida de Izabal : Sel. n. 2286. — Flor. : Oct.

C. hispidula Vahl.
Hab. in Guatemala in dept. Huehuetenango in distr. Nenton in montibus calcareis inter Uaxackanal et Quen Santo et in pineto supra Nenton in 1200-1300 m. altitud. : Sel. n. 2662 et 2951. — Flor. : Jun.

C. hispidula Vahl, forma sepalis glabris recedens.
Hab. in Mex., in prov. Chiapas in Cerro de Tonalá in pratis : Sel. n. 1893. — Fl. et fr. : Febr.

C. species affinis *C. hispidulæ* Vahl.
Vulg. : « dormilona ».
Hab. in Mex., in prov. Oaxaca in distr. Juchitan inter Chicapa et Izhuatan in Llanos ad marginem lagunæ et ad Rancho Las Anonas : Sel. n. 1788 et 2024. — Fl. : Jan. et Febr.

C. multiflora Mart. et Gal.
Hab. in Mex., in prov. Oaxaca ad Etla et ad Oaxaca in monte « Alban » : Sel. n. 1480 et 1741. — Flor. : Nov. et Dec.; fruct. : Dec.

C. occidentalis L.

Hab. in Texas ad Longview Junction et in Guatemala oppido : Sel. n. 1001 et 2505. — Fl. et fr. in Guatem. : Maj: in Texas : Oct.

C. Seleriana Harms. n. sp. (Sect. *Chamæsenna*); fruticosa glabra; foliis petiolatis, multijugis (circ. 13-15-jugis); foliolis brevissime petiolulatis vel subsessilibus, lanceolatis vel angustissime ellipticis vel lanceolatooblongis vel oblongis, apice obtusis vel acutis, mucronulatis, glabris; stipulis semicordatis, apice longe oblique acuminatis, caducis; racemis elongatis, multifloris, glabris, bracteis glabris sepalis subsimilibus, alabastra involucrantibus; sepalis glabris obtusis; petalis obovatis, brevissime unguiculatis, rotundatis, brunneo-nervatis; staminibus perfectis 7, 2 eorum quam ceteri pluries majoribus; ovario glabro; legumine breviter stipitato, lineari, compresso, plano, apice rotundato, versus stipitem acuto, linea media ad singula semina verrucoso-elevato; seminibus numerosis, transversis.

Kahler Strauch. Blätter sehr lang, vieljochig (20-30 cm. lang oder noch länger). Blättch. 4-5,5 cm. lang, 1,5-2 cm. breit. Ich konnte nur ein Nebenblatt am Material auffinden, von etwa halbherzförmiger Gestalt, mit langer, schiefer Spitze, im Ganzen etwa 15 mm. lang. Trauben 10-15 cm. lang. Blüthenstiele 7-12 mm. lang. Bracteen 2 cm. lang. Knospen von grossen, später abfallenden Bracteen umhüllt, Kelchblätter 20-22 mm. lang, Blumenblätter etwa bis 25 mm. lang oder noch länger (bis 30 mm.). Hülsen schwärzlich, Stiel 5-8 mm. lang, die eigentliche Hülse 8-10 cm. lang, 10-12 mm. breit, aussen mit feinen den Querfächern entsprechenden Linien ; in der Mitte geht jedes Querfach in einen vorragenden Buckel oder Knoten aus. Blumenblätter am Herbarmaterial gelbweiss, mit dunkler feiner Aderung. Blüthen (nach C. et E. Seler) gelb.

Habitat in Mexico, in prov. Chiapas in fruticeto apud Tonalà: Sel. n. 2065; et in Guatemala, in dept. Santa Rosa ad Frajanes in 1000 m. altitud. : J. Donn. Smith n. 6115 (leg. Heyde et Lux). — Flor. et fruct. in Mex. : Febr.

Die Guatemala-Pflanze wurde von M. Michell als *Cassia reticulata* Willd. bestimmt, von der sie jedoch durch die kahlen Blätter hinreichend verschieden ist. Die neue Art dürfte in die Gruppe *Pictæ* Bth. gehören. *C. picta* Don hat nur 4-6 jochige Blätter. Für *C. Nicaraguensis* Bth. werden grosse Nebenblätter angegeben. Nach der kurzen Diagnose (Bth. Mon. Cass., 552 n. 155) dürfte diese Art jedenfalls der unsrigen am nächsten kommen, jedoch besitzt sie vermutlich grössere Nebenblätter.

C. sericea Swartz.

Hab. in Guatemala, in dept. Huehuetenango, in distr. Nenton, inter Uaxackanal et Quen Santo, in terra ferrigera : Sel. n. 2680. — Flor. : Aug.

C. Tagera L.

Hab. in Guatemala, in dept. Salamá, in silva montosa inter Canoa et Llano grande : Sel. n. 2411. — Flor. : Dec.

C. tristicula H. B. K.

Hab. in Mex., in prov. Chiapas in pratis iuxta Comitan: Sel. n. 3060. — Flor. : Aug.

Krameria cinerea Schauer.
> Hab. in Mex., in prov. Oaxaca, in distr. Nochistlan, in Canada infra Cuauhtlilla : Sel. n. 1501. — Flor. : Nov.

Parkinsonia aculeata L.
> Vulg. : « guichi-belle » (zapot. = « Feuerdorn »).
> Hab. in Mex., in prov. Oaxaca in distr. Tehuantepec, ad lagunam apud La Miztequilla : Sel. n. 1617. — Flor. : Jan.

Hæmatoxylon Brasiletto Karst.
> Vulg. « brasil ».
> Hab. in Mexico, in prov. Oaxaca in distr. Tehuantepec in collib. et fruticetis siccis ad Tequisistlan et ad Laoyaga, et in distr. Juchitan in silva ad Tapana, et in Guatemala, in dept. Chiquimula ad Camotan : Sel. n. 1715, 1774, 2020, 3343. — Flor. : Jan. et Febr.

Cæsalpinia eriostachys Benth.
> Hab. in Mex., in prov. Oaxaca, in distr. Tehuantepec in valle silvatica inter Tequisistlan et Jalapa : Sel. n. 1675. — Flor. et fruct. : Jan.

C. exostemma DC.
> Vulg. : « yaga-ti », « guete-règl ».
> Hab. in Mex., in prov. Oaxaca, in distr. Tehuantepec ad La Miztequilla : Sel. n. 1618. — Flor. : Jan.

C. pulcherrima Sw.
> Vulg. : « flor de la guacamaya ».
> Hab. in Mexico, in prov. Oaxaca ad San Bartolo Yauhtepec et in prov. Chiapas ad Tonalá ad fluvium, et in Guatemala, in dept. Zacapa ad San Agustin Acasaguastan : Sel. n. 1731, 1869, 3292. — Flor. : Dec.-Febr. — Eine Abkochung der Blüthen wird bei Augenleiden und bei Erisipela gebraucht.

SIMARUBACE.E II., det. Harms et Lœsener.

Picramnia Antidesma Sw.
> Vulg. : « chilillo ».
> Hab. in Mex., in prov. Chiapas, in distr. Tuxtla Gutierrez in silva apud Hacienda San Miguel : Sel. n. 1808. — Fruct. : Febr.

P. spec. cfr. *P. Seemanniana* Griseb. mss. in herb. Berol.
> Hab. in Mex., in prov. Chiapas, in distr. Tonalá inter Tapana et La Junta in silvis : Sel. n. 1836. — Fruct. : Febr.

> Die Pflanze stimmt mit der im Herb. Berol. unter *P. Seemanniana* Griseb. liegenden Art genau überein (Guatemala, leg. Friedrichsthal n. 1320). Grisebach's Name scheint aber niemals veröffentlicht zu sein; ob die Art nun neu ist, oder ob sie mit einer der zahlreichen Tulasne'schen Arten aus Centralamerika identisch ist, vermögen wir wegen mangelnden Vergleichsmaterials nicht zu entscheiden.

Alvaradoa amorphoides Liebm.
> Hab. in Mex. in prov. Chiapas in Cuesta supra Chiapa de los Indios (♀) et in Guatemala in dept. Zacapa ad Tulumá apud S. Agustin Acasaguastan in vallis fruticetis (♂!) et in dept. Salamá ad Rancho S. Clemente supra Tocoy-Morazan (♀) : Sel. n. 2074, 3289, 3290. — Flor. : Dec.-Mart.

MELIACEÆ III., det. H. Harms.

Swietenia humilis Zucc.
> Vulg. : « caoba ».
> Hab. in Mex., in prov. Chiapas, in distr. Tuxtla Gutierrez in vallis « Cintalapa » silva circa Hacienda Razon : Sel. n. 1921. — Flor. : Febr.

Trichilia Havanensis Jacq.
> Hab. in Mex., in prov. Chiapas, in distr. Tuxtla Gutierrez, in fruticetis ad Hacienda Petapa : Sel. n. 2111. — Flor. et fruct. : Febr.

CELASTRACEÆ.

Zinowiewia integerrima Turcz.
> Hab. in Guatemala, in dept. Huehuetenango, in distr. Nenton, apud Chaculá in silvestribus montanis : Sel. n. 2609. — Flor. viridul. : Apr.

Wimmeria persicifolia Radlk.
> Vulg. : « Chapul-izle » (mexik. = « Heuschreckenfaser »).
> Hab. in Mex., in prov. Oaxaca iuxta Huauhtlilla : Sel. n. 1566 b. — Fruct. : Dec.

PLANTÆ SELERIANÆ[1]

Die von Dr Eduard SELER und Frau Cæcilie SELER

in MEXICO und CENTRALAMERICA gesammelten Pflanzen

Unter Mitwirkung von Fachmännern veröffentlicht

von

Th. LŒSENER

(Suite.)

HIPPOCRATEACEÆ II.

Hippocratea Grisebachii Lœs. (= *H. verrucosa* Griseb. von H. B. K.).
Hab. in Mexico, in prov. Chiapas in distr. Tonalá in silva planitiei inter Tapana et La Junta : Sel. n. 1895. — Flor. virid. : Febr. — Obs. Valde affinis H. celastroidi H. B. K.

H. Seleriana Lœs. spec. nova ; ramulis hornotinis brunneis, puberulis; foliis 5—6 mm. longe petiolatis, ellipticis vel anguste ovato- vel obovato-ellipticis, margine i. s. manifeste recurvato, interregimo vel integro, basi obtusis vel acutis, apice obtusis vel subrotundatis et breviter leviterque secundum costam implicatis, 4—7 cm. longis, 1,6—2,5 cm. latis, crasse et rigide coriaceis, asperulis ceterum glabris, supra i. s. cinereo-vel olivaceo-viridibus, subtus cinereo-subrufis, costa media supra prominula vel sub-

---

[1] Vergl. Bull. Herb. Boiss. II, pag. 533-566 u. III, pag. 609-629.

plana, subtus prominula, nervis lateralibus utrinque circ. 6-7 ad apicem versus curvatim ascendentibus, supra obsoletis, subtus prominulis, iuxta marginem reticulatis, reticulo supra manifeste insculpto, subtus prominulo, obsoletiore; capsulis trilobis, applanatis, lobis obovatis, circ. 4,3 cm. longis, 3,5 cm. latis, longitudinaliter nervosis, basi marginibus sese tangentibus et paullisper connatis, apice minute excisulis, loculicide medio secundum totam suturam longitudinaliter dehiscentibus, circ. 4-spermis. seminibus samaroideis, planis, testa superne in locellum coriaceum discoideum oblique ovatum embryoniferum incrassata, inferne in alam circ. 3-plo longiorem, membranaceam sub-~formem dilatata, margine externo, i. e. ad suturam versus sito paullulum incrassato, interno (ad carpelli marginem versus sito) tenuire, raphe illo propiore quam hoc.

Habitat in Mexico in prov. Oaxaca in collibus aridis fruticigeris iuxta San Bartolo Yauhtepec : Sel. n. 1628. — Fruct. : Jan.

Obs. Videtur affinis *H. obstusifoliæ* Roxbg., speciei Indicæ et Africanæ.

TURNERACEÆ II., det. J. Urban.

Turnera diffusa Willd.
Hab. in Guatemala in dept. Quezaltenango et Huehuetenango in pineto inter Aguas Calientes et Malacatan et in distr. Nenton in montibus calcareis inter Caxackanal et Quen Santo et ad Chaculá : Sel. n. 2903, 3029, 3121. — Flor. : Jun. et Aug.

T. ulmifolia L. var. *intermedia* Urb.
Hab. in Mex., in prov. Chiapas, in distr. Tonalá ad Tiltepec : Sel. n. 1860. — Flor. : Febr.

T. ulmifolia L. var. *Surinamensis* Urb.
Hab. in Mex., in prov. Chiapas, in pratis montis Cerro de Tonalá : Sel. n. 2059. — Flor. : Febr.

T. ulmifolia L. var. *velutina* (Presl.) Urb.
Hab. in Mex., in prov. Oaxaca, in silva montosa inter San Carlos et S. Bartolo Yauhtepec, et in distr. Juchitan ad Tapana, et in prov. Chiapas in pineto montoso ad Cuesta S. Fernando inter distr. Tonalá et Tuxtla Gutierrez : Sel. n. 1697, 2045, 1831. — Flor. : Jan. et Febr.

BIXACEÆ.

Cochlospermum vitifolium (Willd.) Spreng (= *Bombax vitifolium* Willd., *Cochlospermun hibiscoides* H. et B., *Maximilianea vitifolia* (Willd.) Urb.)

Vulg. : « quie-riga », « quie-quèga » (zapot. = « linke Blume »); « huarumbo », « tecomasuchil » (mexic. = « Becherblume »); « flor izquierda » (span. = « linke Blume »).

Hab. in Mexico, in prov. Oaxaca, in distr. Tehuantepec in Cerro Quiengola, in distr. Yauhtepec in collibus aridis silvaticis ad San Carlos, in prov. Chiapas in distr. Tuxtla in fruticetis vallis de Cintalapa apud Hacienda Razon, et in Guatemala in dept. Chiquimula in collibus aridis iuxta Camotan et Chiquimula : Sel. n. 1612, 1680, 1690, 1935, 3319, 3326. — Flor. : Jan.-Febr.

Bixa Orellana L.
   Vulg. : « achiote » (mexic.).
   Hab. in Mexico, in prov. Oaxaca, in distr. Juchitan in planitiei silva apud Tapana : Sel. n. 2042. — Fruct. : Febr.

PASSIFLORACE.E II., det. H. Harms.

Passiflora fœtida L.
   Hab. in Mex., in prov. Oaxaca, in distr. Yauhtepec ad fluvii Rio Tehuantepec ripam infra Totolapam ad Rancho S. Juanico et in prov. Chiapas in distr. Tuxtla ad Ocozuquauhtla : Sel. n. 1670 et 2119. — Fl. albid. vel. coerul. : Jan.-Febr.

P. fœtida L. var.
   Vulg. : « pè-pè » (zapot.); « flor de granadita ».
   Hab. in Mex., in prov. Oaxaca, in distr. Tehuantepec, in valle Rio Tehuantepec infra Jalapa : Sel. n. 1665. — Flor. cœrul. et fruct. rubr. : Jan.

P. macrocarpa Mart.
   Vulg. : « granadilla ».
   Hab. in Mex., in prov. Chiapas, in distr. Tuxtla, in horto Hacienda Razon : Sel. n. 1969. — Flor., petal. purpureo-violaceo-punctat., filament. purpureo-violaceis : Febr.

P. sexflora Juss.
   Hab. in Guatemala, in dept. Huehuetenango supra Jacaltenango : Sel. n. 3143. — Flor. albid. : Jun.

LOASACE.E, det. E. Gilg.

Gronovia scandens L.
   Hab. in Guatemala, in dept. Huehuetenango, ad Nenton : Sel. n. 3213. — Flor. : Sept.

Cevallia sinuata Lag.
   Vulg. : « Ortigon ».
   Hab. in Mex., in prov. Nuevo Leon ad Monterey : Sel. n. 1066. — Flor. : Oct.

Mentzelia latifolia Urb. et Gilg.
   Hab. in Mex., in prov. Nuevo Leon ad Monterey : Sel. n. 1090. — Flor. : Oct.

Eucnide lobata A. Gray.
   Hab. in Mex., in prov. Nuevo Leon ad Monterey in Cerro del Obispado : Sel. n. 1112. — Flor. : Oct.

LYTHRACEÆ II., det. E. Kœhne.

Lythrum acinifolium Sess. et Moç. a. *parvifolium* Kœhne.
Hab. in Mex., in prov. Chiapas, in distr. Chilon, in montibus et silvaticis inter Huitztan et Oxchuc et S. Martin : Sel. n. 2247 et 2256. — Flor. et fruct. : Mart.

Cuphea æquipetala Cav. var. α. *lævicaulis* Kœhne, forma b.
Hab. in Guatemala, in dept. Huehuetenango, in distr. Nenton, ad Chaculá in pratis : Sel. n. 2811. — Flor. : Jul.

C. æquipetala Cav. var. β. *hispida* Kœhne, forma a.
Hab. in Guatem., apud Huehuetenango, in pratis ad pedem pyramidum Cues Zac-uléu : Sel. n. 3149. — Flor. : Jun.

C. æquipetala Cav. var. β. *hispida* Kœhne forma b.
Hab. in Mex., in prov. Mexico apud Dos Rios et in prov. Chiapas in distr. Chilon in montibus supra Ococingo : Sel. n. 1297 et 2154. — Flor. : Oct. et Mart.

C. angustifolia Jacq.
Hab. in Mex., in distr. Oaxaca in stagnosis apud Tlaxiaco : Sel. n. 1435. — Flor. : Dec.

C. Balsamona Cham et Schlechtd.
Hab. in Guatemala, in dept. Escuintla ad San Andres Osuna, et in dept. Huehuetenango ad Quen Santo in 1300 m. altitud. : Sel. n. 2558 et 2786. — Flor. : Maj.-Aug.

C. Cæciliæ Kœhne n. sp. (Sect. *Melvilla*, Subsect. *Erythrocalyx*, Ser. 2). *Cupheæ subuligeræ* Kœhne (Monogr. n. 203) simillima et ejusdem forsan varietas. Folia latiora (ad 36 mm.), nervo medio subtus sæpius purpurascente. Inflorescentiæ distinctissimæ folia floralia celerrime decrescentia pilis longis glanduliferis setoso-ciliata, axi pedicellisque densissime glanduloso-hirtellis. Calyx (20—30 mm.) purpureo-coccineus dense glanduloso-hirtellus. Petala nulla. Staminum 11 dorsalia 2 ceteris multo inferius inserta. Ovula circ. 11, stylus ovarii 1 ½ æquans. Cetera ut in *C. subuligera* Kœhne (Engler's Jahrb. II. 408).

Hab. in Mexico, in prov. Chiapas, in distr. Comitan, in silva montana ad ripam fluvii « Saconeja » : Sel. n. 2584. — Flor. : Mart.

C. graciliflora Kœhne.
Hab. in Mex., in prov. Chiapas, in distr. Chilon, in silva montana inter S. Martin et Ococingo : Sel. n. 2152. — Flor. : Mart.

C. Hookeriana Walp.
Hab. in Mexico, in distr. Chiapas in clivis apricis arenosis et calcareis apud Iztapa et in distr. « del Centro » in valle « Rio Prospero » apud Hacienda Tierra

colorada, et in Guatemala in dept. Salamá in silva montana supra Tocoy-Morazan : Sel. n. 2084, 2091, 3405. — Flor. : Dec. et Mart.

C. hyssopifolia H. B. K. forma a.

Hab. in Mex., in prov. Chiapas in distr. Chilon in saxosis ad rivi profunde inculpti marginem in silva montana inter S. Martin et Ococingo : Sel. n. 2132. — Flor. : Mart.

C. hyssopifolia H. B. K. forma b. *subrevoluta* Kœhne.

Hab. in Guatemala, culta : Sel. n. 2536. — Flor. : Maj.

C. pinetorum Benth.

Hab. in Mex., in prov. Chiapas, in distr. Chilon in pinetis montium inter Oxchuc et San Martin, et in Guatemala in dept. Quezaltenango in clivis ad Aguas Calientes : Sel. n. 2258 et 3237. — Flor. : Mart. et Sept.

Cuphea procumbens Cav.

Hab. in Mex., in prov. Mechoacan ad Tzintzuntzan et ad Pátzcuaro : Sel. n. 1252 b. et 1257. — Flor. : Oct.

C. sanguinea Kœhne n. sp. (Sect. *Diploptychia*, Subsect. *Leioptychia*). Fruticosa. Rami pubescentes ac glanduloso-hispiduli. Folia breviter petiolata opposita, e basi lata rotundata v. subcordata ovata v. oblonga (3—7 cm : 1,8—3,6 cm., floralibus usque ad 14 : 9 mm. decrescentibus), acutiuscula, supra initio strigulosa, subtus strigoso-hirtella v. hispidula, nervorum paribus circ. 8. Racemi simplices foliosi ; pedicelli solitarii interpetiolares breves. Calyx (20—25 mm.) calcare brevissimo munitus, dense glanduloso-hirtellus, intus glaberrimus. Petala 6 valde inaequalia pl. min. intense sanguinea v. flavescenti-sanguinea. Stamina 11 glaberrima. Stylus glaberrimus. Discus horizontalis subtus convexus. Ovula circ. 13—14.

Hab. in Guatemala, in dept. Huehuetenango, in montium declivibus supra Jacaltenango : Seler n. 2629, et in dumetis Cuesta de la Concepcion : Seler n. 3250. — Flor. : Apr. et Sept.

Obs. A plerisque *Leioptychiae* speciebus disco horizontali differt, imprimus a *C. cordata* R. et P. habitu simili. Proxima *C. Nelsoni* Rose (Contrib. U. S. Nat. Herb. V. 3, p. 137 t. 15, 1897) Mexicanae, cujus discus ipse quoque horizontalis, folia vero basi subangustata minora, ovula 10. An ejusdem varietas ?

C. Seleri Kœhne n. sp. (sect. *Melanium*). Annua. Caulis glanduloso-hirtellus. Folia breviter petiolata ovata (3 cm. : 1,5 cm.) obtusiuscula, minutim strigulosa et insuper setulosa, nervorum paribus circ. 8-10. Inflorescentia foliosa, simplex videtur, pedicelli brevissimi prophyllis minutis. Calyx (7—8 mm.) basigibbus, fauce angustatus subampullaceus, lobo dorsali magno producto, hispidus, fructifer valde ampullaceus. Petala 6 decidua, 2 dorsalia (2,5 mm.) obtusa, 4 ventralia fere triplo angustiora acutissima. Stamina 11, episepala tubo multo breviora. Stylus glaberrimus semper inclusus. Discus fere horizontalis subtus convexus, ovula 3. Semina (3 mm.) margine obtusa.

Hab. in Guatemala, in dept. Huehuetenango, ad Uaxackanal in Llano : Seler n. 2841. — Flor. : Aug.

Obs. Species a *Cuphea affinitatum* Kœhne simillima imprimis differt calyce ampullaceo, petalis ventralibus acutis, disco horizontali, seminibus margine obtusis. Inserenda cum *C. affinitatum* (cf. Engler's Jahrb. XXIII. Beibl. 57, p. 20) post Monogr. n. 108, ibid. II. 142).

C. subuligera Kœhne.

Hab. in Mex., in prov. Chiapas, in distr. Chilon, in montibus inter Oxchuc et San Martin : Sel. n. 2171. — Flor. : Mart.

C. utriculosa Kœhne.

Hab. in Mex., in prov. Chiapas ad fluvium apud Tonalà : Sel. n. 1874. — Flor. : Febr.

C. utriculosa Kœhne γ. *Donnellsmithii* Kœhne.

Hab. in Mex., in prov. Chiapas, in distr. Chiapas in saxis humidis ad Hacienda del Calvario et in distr. « del Centro » in lapidibus ad fluvium Rio Hondo apud Hac. del Burrero : Sel. n. 2079 et 2267. — Flor. : Mart.

C. Wrightii A. Gray.

Hab. in Mex., in prov. Mechoacan ad Tzintzuntzan : Sel. n. 1252a. — Flor. : Oct.

Heimia salicifolia Link.

Hab. in Mex., in prov. Nuevo Leon in Cerro del Obispado apud Monterey : Sel. n. 1105 et 1109. — Flor. : Oct.

ARALIACEÆ, det. H. Harms.

Oreopanax capitatus Dcne. et Pl., forma foliis paullo magis cordatis.

Vulg. : « K'ab-choh » (Sprache der Chuh); « pata de leon ».

Hab. in Guatemala, in dept. Huehuetenango, in distr. Nenton in collibus calcareis ad Quen Santo et inter Chaquial et Chaculà in 1400 m. altitud. : Sel. n. 2669 et 3139. — Flor. : Jun. et Jul.

O. Xalapensis Dcne. et Pl.

Hab. in Mex., in prov. Chiapas, in distr. Chilon in silva montana inter Huitztan et Oxchuc : Sel. n. 2224. — Fruct. : Mart.

Gilibertia arborea March.

Hab. in Mex., in prov. Chiapas in distr. Tonalà in silva circa Arroyo in Hacienda Los Amates et in silva montana ad Cuesta San Fernando inter distr. Tonala et Tuxtla : Sel. n. 1801 et 1919. — Flor. : Febr.

Aralia humilis Cav.

Hab. in Mexico, in prov. Chiapas ad Comitan, et in Guatemala, in dept. Huehuetenango in distr. Nenton in montibus calcareis apricis ad Uaxackanal : Sel. n. 3046 et 3030. — Flor. : Aug.

POLEMONIACEÆ II.

Cobæa macrostemma Ruiz et Pavon.

Hab. in Guatemala, in cupressetis et bambusetis ad Chixoy apud Tecpam

Guatemala in 3000 m. altitud. et in dept. La Antigua ad San Lucas : Sel. n. 2293 et 2452. — Flor. pallide flavi : Sept.-Oct.

Bonplandia geminiflora Cav.

Hab. in Mex., in prov. Morelos in distr. Cuernavaca prope Xochicalco : Sel. n. 400. — Flor. : Dec.

Læselia ciliata L.

Hab. in Mex., in prov. Oaxaca in distr. Juchitan apud Tapana et in prov. Chiapas in distr. Tuxtla in horto Haciendæ Razon : Sel. n. 1786, 1995, 1854. — Flor. albidi vel. pallide flavi : Febr.

L. glandulosa (Cav.) G. Don.

Vulg. : « spinacilla ».

Hab. in Mexico, in prov. Oaxaca in pineto ad Cueva de las Calaveras apud Tlaxiaco et in silvaticis montanis inter San Carlos et San Bartolo Yauhtepec, in prov. Chiapas in distr. Tuxtla in Hacienda Petapa, in Guatemala in dept. « del Centro » in pineto montano apud Chiquin : Sel. n. 1440, 1654, 1931, 2486. — Flor. rubell. vel rosei vel roseo-lilacini : Dec.-Febr.

L. intermedia Lœs. sp. nova; ramulis glanduloso-puberulis; foliis circ. 1—3 mm. longe petiolatis, ovato-oblongis usque sublanceolatis, argute serratis, denticulis mucronatis, basi cuneatis, apice acutis, circ. 1,2—1,8 cm. longis, 0,4—0,6 cm. latis, utrinque glanduloso-puberulis; floribus in foliorum ad ramuli apicem versus diminutorum axillis solitariis, pedicellis gracilibus circ. 6 mm. longis, prophyllis circ. 7—8 sub floribus ipsis dense congestis et hypanthium formantibus, singulis exterioribus foliaceis lanceolatis vel lineari-lanceolatis, glanduloso-pilosis, aristato-serratis acutis, costa et nervis manifeste prominentibus, interioribus hyalinis, anguste ovato-deltoideis, appresse aristatis apice anguste acutis, omnibus circ. 4—6 mm. longis; calyce albido hyalino, tubuloso tenuiter membranaceo circ. 4 mm. longo, 5-lobo, lobis erectis, tubo ipso brevioribus, manifeste nervosis, nervis in aristulas tenues desinentibus; corollæ tubo incluso, lobis rotundatis, cuneatis, i. vivo purpureis, sed i. sicco postquam in aqua coctis violaceis; staminibus breviter exsertis, ovario 3-loculari, loculis 1-ovulatis, stylo longo filiformi, apice breviter 3-lobo.

Læselia glandulosa Dammer in Lœs. Pl. Sel. I. p. 26 (558) non G. Don.

Habitat in Mexico, in prov. Oaxaca in Cerro de la Soledad : Sel. n. 1343 *b.*, 1344. — Flor. : Nov.

Obs. Species intermedia est inter *L. glandulosam* G. Don. et *L. cœruleam* G. Don. An planta hybrida ?

L. cœrulea (Cav.) G. Don.

Hab. in Mex., in prov. Oaxaca in Cerro de la Soledad : Sel. n. 1343 *a.* — Flor. : Nov.

L. coccinea G. Don.

    Vulg. : « spinacilla ».

Hab. in Mex., in prov. Mechoacan in clivis montis Calvario iuxta Pátzcuaro et in prov. Chiapas in distr. « del Centro » in silv. montan. inter Iztapa et Cinacantan : Sel. n. 1204 et 2089. — Flor. ignei : Nov.-Mart.

HYDROPHYLLACEÆ II.

Phacelia pimpinelloides A. Gray.

Hab. in Guatemala in dept. Quezaltenango in monte Chi Lahuh Quieh in agrestibus : Sel. n. 2896. — Fl. : Jun. — Det. Donn. Smith.

Nama jamaicense L.

Hab. in Guatemala, in dept. Huehuetenango in distr. Nenton ad Uaxackanal : Sel. n. 2859 et 3193. — Flor. albid. : Aug.

N. dichotomum Choisy.

Hab. in Mex., in prov. Oaxaca in fundamentis domuum antiquarum in Teposcolula : Sel. n. 1554. — Fruct. : Dec.

    Stark wohlriechend.

N. dichotomum Choisy forma *latisepalum* Lœs. forma nova, humilior et gracilior, floribus paucioribus, sepalis apice magis dilatatis.

Hab. in Mex., in prov. Oaxaca in clivis humidis sub saxa calcarea ad Tlaxiaco : Sel. n. 1463. — Flor. et fruct. : Dec.

Wigandia Caracasana H. B. K. forma.

Hab. in Mex., in distr. fœderali ad Coyouacan : Sel. n. 1333. — Flor. lilac. : Nov. — Præterea multoties observata in Canada « Tecomavaca » usque ad vallem Oaxaca.

Hydrolea spinosa L.

Hab. in Mexico, in prov. Oaxaca in distr. Juchitan in alveo fluvii ad Tapana et in Guatemala in dept. Izabal in fluvii « Rio Motagua » valle apud Los Amates : Sel. n. 1785 et 3373. — Flor. : Jan.-Febr.

LABIATÆ I.

Teucrium cubense L.

Hab. in Mexico in prov. S. Luis Potosi, in distr. Ciudad del Maiz prope Gallinas et in prov. Nuevo Leon iuxta Monterey : Sel. n. 770 et 1040. — Flor. : Oct.-Febr.

Scutellaria purpurascens Sw.

Hab. in Mex. in prov. S. Luis Potosi, in distr. Taucanhuitz prope Tampamolon : Sel. n. 192.

Sc. Seleriana Lœs. sp. nova; caule erecto, ramosissimo, breviter pubescente, obsoleto 4-gono; foliis remotis 7—13 mm. longe petiolatis, petiolo tenui, pubescente, late ovatis, obtusis, crenatis, basi late cuneatis vel subtruncatis, supra puberulis, subtus pubescentibus, nervis utrinque circ. 2—3, subtus prominulis, lamina circ. 12—18 mm. longa, 8—12 mm. lata, floralibus gradatim minoribus et brevius petiolatis, addito petiolo usque 10 mm. longis, inflorescentiis racemosis floribus, ut videtur, oppositis, pedicellis pubescentibus, 3—4 mm. longis, calycibus hirtellis, vix 2 mm. longis, scutello circ. 1,5 mm. longo, in fructu usque 5 mm. longo, corollis extrinsecus præcipue apice breviter villosulis, pallide purpureis, sub anthesi 12—15 mm. longis, fauce sensim dilatato, labio superiore 3-lobo, lobis margine sub-incrassatis et crenulatis, medio cucullato, vix 2 mm. longo, labio inferiore porrecto, 3,5 mm. diam., rotundato, subintegro, apice obsolete excisulo, staminibus 4 didynamis, corollæ tubo insertis, filamentis styloque apice recurvatis et labii superioris galea inclusis: disco obliquo latere anteriore gynophorum gerente, nuculis sub anthesi glabris.

Habitat in Guatemala, in dept. Huehuetenango, in collibus silvaticis ad Caxackanal inter lapides calcareos in 1200-1300 m. altitud. : Sel. n. 2799. — Fl. et fruct. : Jul.

Obs. Species ad § *Vulgares* Benth., *C Cuneatæ* Briq. pertinere videtur.

Sc. *lutea* J. Donn. Smith.

Hab. in Guatemala, in dept. Salamá ad Santo Thomas in pinetis : Sel. n. 2441 et 3406. — Flor. : Dec.

Sc. *chalicophila* Lœs. sp. nova, basi ramosa, ramulis ipsis simplicibus, tetragonis, sub lente valida brevissime pulvereo-puberulis; foliis remotis, brevissime (2—3 mm. longe) petiolatis, late ovatis, obtusis integris vel subintegris, basi acuta vel late cuneata, glabris vel subglabris, 18—30 mm. longis, 7—12 mm. latis, costa tantum subtus iuxta basin minutissime et brevissime pulvereo-puberula, nervis utrinque 2—3, subtus prominulis, floralibus gradatim minoribus; inflorescentiis racemosis, floribus oppositis; pedicellis breviter puberulis, circ. 2 mm. longis; calycibus subglabris vel sub lente valida hinc inde brevissime et parce pulverulento-puberulis, circ. 2,5 mm. longis, scutello vix 2 mm. longo, in fructu usque pæne 5 mm. longo; corollis extrinsecus glanduloso-villosulis, cœruleis, circ. 15 mm. longis, fauce sensim dilatato, labio superiore sub-galeato, 3-lobo, lobis margine ± repandis, pæne 2 mm. longis, labio inferiore paullum deflexo atque longitudinaliter replicato, obsolete crenulato-lobulato, rotundato, circ. 4,5 mm. diam.; staminibus 4, didynamis, fauci corollæ insertis, filamentis styloque apice recurvatis galea inclusis, disco oblique conico· in gynophorum angustato, nuculis sub anthesi glabris.

Habitat in Guatemala, in dept. Huehuetenango inter Chaculá et Uaxackanal in montibus silvigeris calcareis in 1400-1500 m. altitud. : Sel. n. 2824 et n. 3119. — Flor. : Jun.-Jul.

Obs. Species ad § *Vulgares* Benth., F. *Galericulatæ* Boiss. pertinens.

Marrubium vulgare L.

Vulg. : « amor seco ».

Hab. in Mexico prope Aguas Calientes, in prov. Mexico, in distr. Chalco prope Amecameca, in prov. Oaxaca prope Teposcolula : Sel. n. 498, 571, 1603. — Flor. : Nov.-Dec.

Brunella vulgaris L.

Hab. in Mexico, in prov. Hidalgo prope Zacualtipan et prope Matlatengo : Sel. n. 144 et 651, et in Guatemala in depart. Huehuetenango ad « Cuesta de la Concepcion » in 1600—2000 m. altitud. vulgaris : Sel. n. 2876. — Flor. in Mex.: Maj., in Guatem. : Sept.

Leonurus sibiricus L.

Hab. in Guatemala, in dept. Escuintla ad La Rochela apud San Andres Osuna et in dept. Alta Vera Paz in Coban in hortis et ad vias : Sel. n. 2459 et 3412. — Flor. : Nov.-Dec.

Salvia privoides Benth.

Hab. in Mex., in prov. Mechoacan, iuxta Tzintzuntzan in campestribus : Sel. n. 1238. — Flor. pallide cœrul. : Oct.

S. tiliifolia Vahl.

Hab. in Mexico, iuxta Oaxaca in ruderalibus, et in Guatemala, in dept. Huehuetenango, in distr. Jacaltenango, ad Todos los Santos : Sel. n. 1350 et 2771. — Flor. cœrul. : Sept.-Nov.

S. lanceolata Willd.

Hab. in Mex., prope Zacatecas, in prov. S. Luis Potosi ad lacum siccum iuxta viam ferream, in prov. Mechoacan ad Tzintzuntzan in campestribus : Sel. n. 539, 1126, 1229 a. — Fl. pallide cœrul. : Oct.-Nov.

S. lanceolata Willd. forma.

Hab. in Mex., in prov. S. Luis Potosi iuxta Venado : Sel. n. 1123.

S. angustifolia Cav. forma ad var. glabram Briq. accedens.

Hab. in Guatemala, in dept. Huehuetenango in distr. Nenton ad Chaculá in collibus silvaticis in 1600 m. altitudine : Sel. n. 2991. — Flor. cœrul. : Aug.

S. angustifolia Cav. var. glabra Briq. mss. in herb. Berol. ramulis glabris, calycibusque breviter puberulis.

Hab. in Mex., in prov. Mechoacan iuxta Tzintzuntzan et in prov. Chiapas in distr. Tuxtla ad Ocozuquauhtla in locis apricis : Sel. n. 1230 et 1930. — Flor. cœrul. : Oct.-Febr.

Salvia lavanduloides Kunth.

Hab. in Mex., in prov. Mechoacan in clivis supra Monte Calvario apud Patzcuaro et in prov. Chiapas in clivis arenosis et calcareis apud Iztapa, in distr. Chilon in silva montana inter Huitztan et Oxchuc : Sel. n. 1255, 1275, 2085, 2147, 2157. - Flor. cœrul. : Oct.-Nov.; fruct. : Mart.

S. nana Kunth.

Hab. in Mexico, in prov. Oaxaca, in distr. Etla in Cerro de Buena Vista et in Guatemala in pineto inter Aguas Calientes et Malacatan : Sel. n. 100 et 2891. — Flor. : Jun.

S. glechomifolia Kunth.
Hab. in Mex., in prov. Hidalgo prope Zacualtipan : Sel. n. 881. — Flor. : Maj.

S. Hispanica. L.
Hab. in Mex., in prov. Jalisco, prope Serrano : Sel. n. 575. — Flor. : Nov.

S. Xalapensis Benth.
Hab. in Mex., in prov. Chiapas in distr. Tuxtla in Hacienda Petapa : Sel. n. 1959. — Flor. cœrul. : Febr.

S. polystachya Orteg.
Hab. in Mex., in distr. foederali in Cerro de Iztapalapa et in prov. Mechoacan iuxta Pátzcuaro : Sel. n. 428, 463, 1276. — Flor. pallide cœrul. : Nov.-Dec.

S. angulata Benth.
Hab. in Mex., in prov. Mechoacan ad Tiripitio et ad Pátzcuaro : Sel. n. 1149 et 1237. — Flor. albid. vel obscure cœrul. (calyce subatro) : Oct. — Ex descript. determinata.

S. ballotiflora Benth.
Hab. in Mex., in prov. Nuevo Leon in distr. Monterey in collibus saxosis et apricis Cerro del Obispado : Sel. n. 1089. — Flor. pallide cœrul. : Oct.

S. semiatrata Zucc.
Hab. in Mex., in prov. Oaxaca in distr. Nochistlan in Canada supra El Parian : Sel. n. 1520. — Flor., calyce violaceo, corolla obscure cœrulea : Nov.

S. amarissima Ort.
Hab. in Mex., in prov. Oaxaca prope Etla : Sel. n. 84. — Flor. : Jun.

S. Lindenii Benth.
Hab. in Mex., in prov. Chiapas in distr. del Centro in valle fluvii « Rio Hondo » apud Hac. del Burrero, in saxosis et in distr. Chilon inter Huitztan et Oxchuc in silva montana : Sel. n. 2107 et 2248. — Flor. carnei vel rubri : Mart.

S. involucrata Cav.
Hab. in Guatemala, in dept. Salamá in silva ad Santa Rosa : Sel. n. 3297. — Flor. rub. : Dec.

S. microphylla Kunth (*S. Grahamii* Benth. vix varietas mediocris *S. microphyllæ* Kunth).
Hab. in Mex., in prov. Hidalgo prope Zacualtipan et in distr. foederali in Cerro de Iztapalapa et prope Tacubaya : Sel. n. 168, 427, 430, 432, 462. — Flor. et fruct. : Nov. et Maj.

S. cyanea Benth.
Hab. in Guatemala, apud Quezaltenango in monte trachytico Chi Lahuh Quieh : Sel. n. 2944. — Flor. obscure cœrul. : Jun.

S. Mexicana L.
Hab. in Mex., in prov. Mechoacan supra Monte Calvario apud Pátzcuaro : Sel. n. 1193. — Flor., calyce pallide viridi, corolla obscure cœrulea : Oct.

S. purpurea Cav.

Hab. in Mex., in prov. Mechoacan prope Tzintzuntzan et in clivis supra Monte Calvario apud Pâtzcuaro et in prov. Chiapas in distr. Chilon in montibus inter Oxchuc et San Martin ad rivulos et in pratis : Sel. n. 1198, 1203, 1280, 2261. — Flor. purpurei vel purpureo-violacei : Oct.-Mart.

S. affinis Cham. et Schlechtd., specimen ad *S. purpuream* Cav. vergens.

Hab. in Guatemala iuxta Chimaltenango in fruticetis : Sel. n. 2338. — Fl. purpur. : Sept.

S. cinnabarina Mart. et Gal.

Hab. in Guatemala, in dept. Chimaltenango in Sierra Santa Elena apud Tecpam Guatemala in cupressetis : Sel. n. 2336. — Flor. rubr. : Sept.

S. coccinea L.

Hab. in Mex., in prov. Nuevo Leon in Cerro del Obispado iuxta Monterey : Sel. n. 1073. — Flor. : Oct.

S. coccinea L. var. *pseudococcinea* (Jacq.) Les. (= *S. pseudococcinea* Jacq.)

Vulg. : « mirto ».

Hab. in Mex., in prov. S. Luis Potosi, in distr. Tancanhuitz prope Tanquian, et in distr. Ciudad del Maiz prope Gallinas, et in prov. Nuevo Leon iuxta Monterey : Sel. n. 273, 716, 1061. — Flor. vivo-rubri : Oct.-Mart.

S. vitifolia Benth.

Hab. in Mex., in prov. Oaxaca prope Etla : Sel. n. 845.

S. cacaliifolia Benth.

Hab. in Guatemala, in dept. Alta Vera Paz prope Coban : Sel. n. 2433. — Flor. cœrul. : Dec.

S. Alamosana Rose vel affin.

Hab. in Mex., in prov. Mechoacan, in clivo supra Monte Calvario apud Patzcuaro : Sel. n. 1229 b. — Flor. cœrul. : Nov.

Lepechinia spicata Willd.

Hab. in Guatemala, in dept. Huehuetenango prope Aguas Calientes in campestribus et ad rivulorum ripas arenosas : Sel. n. 2767. — Flor. albid. : Sept.

L. Schiedeana (Schlechtd.) Vatke (=*Stachys Schiedeana* Schlechtd. in Linnæa VII, 1832, p. 398, *Lepechinia procumbens* Benth. Lab. p. 415 [Maj 1834]).

Hab. in Mexico, in prov. Hidalgo prope Zacualtipan : Sel. n. 899. — Fl. et fr. : Maj.

Hedeoma costata Hemsl.

Hab. in Guatemala, in dept. Huehuetenango, iuxta Chaculá in collibus calcareis in 1600 m. altitud. : Sel. n. 3124. — Flor. lilac. : Jun.

Satureia Brownei (Sw.) Briq. forma transit. ad *S. xalapensem* (Kunth.) Briq.

Hab in Mexico, in prov. Chiapas ad S. Martin : Sel. n. 2131, et in Guatemala in dept. Huehuetenango ad Chaculá in fruticetis et inter ædificiorum fundamenta veterum : Sel. n. 3118. — Flor. : Mart.-Jun.

Hyptis tomentosa Poit.

Hab. in Mexico, in prov. Chiapas in distr. Tuxtla in vallibus apertis Haciendæ Petapa : Sel. n. 1958. — Flor. pallide cœrulei : Febr.

H. tomentosa Poit. vel affinis, foliis paullulo latioribus, indumento paullulo densiore diversa.

Hab. in Mexico, in prov. Oaxaca, in distr. Tlacolula in Canada supra Totolapam : Sel. n. 1753. — Frutices alti, florib. pallide caerul. : Jan.

H. albida H. B. K.

Hab. in Mexico, in prov. Vera Cruz, in distr. Ozuluama prope Pánuco : Sel. n. 248. — Flor. : Mart.

H. albida H. B. K., forma inflorescentiis laxioribus paullulum recedens.

Hab. in Mexico, in prov. Jalisco ad vulcani apud Colima siti pedem prope Barranca de Beltran in clivis aridis : Sel. n. 3433. — Flor. lilacini : Apr.

H. stellulata Benth.

Hab. in Mexico, in prov. Morelos in distr. Cuernavaca prope Xochicalco, in prov. Oaxaca in distr. Oaxaca ad San Bartolo Yauhtepec in collibus aridis et in Cerro de la Soledad, in Honduras in silvaticis montanis supra Copan : Sel. n. 389, 1358, 1658, 3330. — Flor. alb. dulce fragrant. : Nov.-Jan.

H. verticillata Jacq.

Hab. in Mexico, in prov. Vera Cruz in distr. Ozuluama prope Pánuco, in Guatemala in dept. Huehuetenango ad Nenton, et in dept. Izabal in valle fluvii « Rio Motagua » apud Los Amates in fruticetis : Sel. n. 685, 3208, 3363. — Flor. albid. vel albido-rosei : Sept.-Apr.

H. pectinata Poir.

Hab. in Guatemala in municipio ipso in querceto ad Barranca del Zapote : Sel. n. 2470. — Flor. lilac. : Nov.

H. urticoides Kunth.

Hab. in Mexico, in prov. Chiapas in distr. Chilon in clivo supra Ococingo : Sel. n. 2134. — Flor. pallide caerul. : Mart.

H. lilacina Benth. DC. Prod. XII, p. 123 (an etiam Schiede et Deppe?).

Hab. in Guatemala, in dept. La Antigua ad San Lucas frequens : Sel. n. 2423. — Flor. aromatici, pallide rosei usque albidi : Oct.

H. mutabilis (Rich.) Briq. var. *spicata* (Poit.) Briq. vel affinis.

Habitat in Mexico, in prov. Oaxaca ad fluvii ripam apud Tonala et in Honduras supra Copan in pineto-quercetis : Sel. n. 1996 et 3370. — Flor. fragrant. pallide caerul. : Jan.-Febr.

H. capitata Jacq.

Hab. in Guatemala in dept. Escuintla, iuxta S. Andres Osuna ad Cucunya : Sel. n. 2524. — Fl. : Maj.

H. capitata Jacq. var. *Guatemalensis* (Vatke mss.) J. Donn. Smith in schedulis.

Hab. in Guatemala, in dept. Escuintla, iuxta S. Andres Osuna ad rivulum apud Cucunya : Sel. n. 2520. — Fl. albid. : Maj.

H. brevipes Poit. var. *robusta* Loes. var. nova; tota planta robustior, foliis crassioribus anguste oblanceolatis, capitulis praecipue fructiferis multo maioribus usque 2.2 cm. diam. (forsan species propria).

Hab. in Mex., in prov. Chiapas, in distr. Chilon, ad San Martin in clivis et silvaticis montanis : Sel. n. 2155 et 2264, — Flor. albid. usque violac. et fruct. : Mart.

H. florida Benth. vel affinis.
Hab. in Mex., in prov. Morelos, in distr. Cuernavaca prope Hacienda S. Gaspar : Sel. n. 311. — Flor. : Dec.

H. recurvata Poit.
Hab. in Mex., in prov. Oaxaca ad fluvii ripam apud Tonala : Sel. n. 1997. — Flor. albid. : Febr.

Ocimum carnosum Link et Otto.
Hab. in Mexico prope Orizaba : Sel. n. 838 et 919. — Flor. : Jul.

O. micranthum Willd.
Hab. in Mexico, in prov. S. Luis Potosi, in distr. Tancanhuitz prope Tampamolon, et in prov. Chiapas in distr. Tuxtla ad Cintalapan et Ocozuquauhtla : Sel. n. 235, 1825, 1945. — Flor. : Febr.-Mart.

GESNERACE.E det. John Donnell Smith.

Tussacia spec. forsan. nova.
Hab. in Mex. loco natali accuratius non indicato : Sel. n. 923. — Det. Lœs.

Alloplectus tetragonus Hanst.
Hab. in Guatemala, in dept. Huehuetenango, iuxta Yalambohoch in humida silva primæva : Sel. n. 3218. — Fl. : Aug.

Achimenes grandiflora DC.
Hab. in Guatemala, in dept. Huehuetenango ad Cuesta de la Concepcion, in umbrosis saxis calcareis et inter Nenton et San Andres in pineto ad umbrosum rivuli marginem : Sel. n. 3247 et 3280. — Fl. : Sept.

Heppiella ovata Klotzsch et Hanst.
Hab. in Guatem., in dept. Huehuetenango in distr. Jacaltenango in clivis fruticigeris apud San Martin : Sel. n. 3191. — Flor. : Sept. [1]

Kohleria Deppeana (Cham et Schlechtd.) Fritsch (= *Isoloma Deppeana* Hemsl.)
Hab. in Guatem., in dept. Alta Vera Paz ad Santa Cruz apud Coban : Sel. n. 2439. — Flor. : Dec.

K. elegans (Decsne.) Lœs. (= *Moussonia elegans* Decsne.)
Hab. in Mexico, in prov. Chiapas in distr. Chilon in clivo supra Ococingo : Sel. n. 2180. — Flor. : Mart. — Det. Lœs.

Gesneria Warscewiczii Hanst.
Hab. in Guatemala, in dept. Huehuetenango apud Quen Santo : Sel. n. 2671. — Flor. : Aug.

---

[1] Ein Vergleich mit dem Hansteinchen Original aus Venezuela zeigt indessen, dass es sich um eine andere Art handeln muss, die vielleicht neu ist. Ob die Selersche Pflanze überhaupt zu *Heppiella* gehört, erscheint mir ebenfalls zweifelhaft. Th. Lœsener.

ACANTHACEÆ III., det. G. Lindau.

Elytraria squamosa (Jacq.) Lindau (= *Tubiflora sq.* (Jacq.) O. Ktze.).
    Vulg. « Un pie ».

Hab. in Mexico, in prov. Oaxaca, in distr. Juchitan, ad Tapana in locis apertis, in prov. Chiapas in distr. Tuxtla, in Hacienda Razon et in distr. Tonalá inter Tapana et La Junta in fruticeto arido, ibique ad Tonalá ad fluvii ripam, atque in Guatemala in collibus siccis ad Chiquimula : Sel. n. 1787, 1863, 2021, 2048, 3374. — Fl. et fr. : Jan. et Febr.

Blechum grandiflorum OErst.

Hab. in Mex., in prov. Chiapas, in distr. Tuxtla ad Ocozuquauhtla ad rivulum : Sel. n. 2123. Flor. : Febr.

Dyschoriste bilabiata (Seem.) O. Ktze.

Hab. in Mex., iuxta Oaxaca in monte Alban : Sel. n. 1733. — Flor. : Dec.

D. crinita (Nees) O. Ktze.

Hab. in Guatemala, in dept. Huehuetenango in pratis iuxta Chaculá in 1600 m. altitud., ibique in pinetis et quercetis in solo calcareo, et in pinetis inter Aguas Calientes et Malacatan (inter dept. Huehueten. et Quezaltenango) : Sel. n. 2812, 2946, 2989, 3158. — Flor. : Jun.-Aug.

D. ovata (Cav.) O. Ktze.

Hab. in Guatemala, in dept. Quezaltenango in distr. Ziha, in clivis fruticigeris ad Aguas Calientes : Sel. n. 3112. — Flor. : Sept.

D. Quitensis (H. B. K.) O. Ktze.

Hab. in Mex., in prov. Mechoacan in via ferrea iuxta Acámbaro : Sel n. 1156. — Flor. : Oct.

Ruellia geminiflora H. B. K.

Hab. in Mex., in prov. Oaxaca, in distr. Nochistlan, in Cerro del Pueblo viejo ad Huauhtlilla in silva montosa in solo calcareo : Sel. n. 1570. — Flor. : Dec.

R. geminiflora H. B. K., vel affinis.

Hab. in Mex., in prov. Chiapas, in distr. Tuxtla in horto Haciendæ Razon : Sel. n. 1813. — Flor.: Febr.

R. Hænkei Nees.
    Vulg. : « Yerva de novillo ».

Hab. in Mexico, in prov. Chiapas, in distr. Tonalá, in silva ad lagunæ marginem prope Paredon, inque distr. Tuxtla, in Cuesta infra Hacienda Petapa, et in prov. Oaxaca, in distr. Juchitan in pratis ad lagunam inter Chicapa et Izhuatan, et in Guatemala, in dept. centrali, in silva montana apud Chiquin. iuxtaque Chiquimula in collibus siccis, et ad Camotan : Sel. n. 1839, 1906, 1987, 2472, 3332, 3342. — Flor. et fruct. : Dec.-Febr.

R. megasphæra Lindau in Bull. Herb. Boiss. 1895 p. 364.

Hab. in Mex., in prov. Chiapas inter distr. Tonalá et Tuxtla in pinetis montanis iuxta Cuesta San Fernando et in Cerro de Tonalá : Sel. n. 1918 et 2000. — Flor. et fruct. : Febr.

R. paniculata L.

Hab. in Mex., in prov. Oaxaca, in distr. Tehuantepec, ad lagunam nunc exsiccatam apud Miztequilla : Sel. n. 1616. — Flor. et fruct. : Jan.

R. pilosa Pav.

Hab. in Guatemala, in dept. Huehuetenango, in distr. Nenton, in pratis iuxta Chacula in 1300—1600 m. altitud. : Sel. n. 2984. — Flor. : Jul.

R. tuberosa L.

Hab. in Mex., in prov. Nuevo Leon ad Monterey in locis apertis, ibique in Cerro del Obispado, in prov. Oaxaca, in distr. Juchitan in silvæ locis apertis ad Rancho Las Anonas : Sel. n. 1074, 1075, 1103, 1982. — Flor. et fruct. : Oct.

Barleria micans Nees.

Hab. in Mexico, in prov. Chiapas, in distr. Tuxtla in fruticetis Hacienda Petapa, et in Guatemala in dept. centrali, in silva montana apud Chiquin : Sel. n. 1903 et 2471. — Flor. : Dec.-Febr.

Aphelandra Deppeana Schlechtd.

Hab. in Guatem., in dept. Chimaltenango in pede vulcani « del Fuego » ad Paloverde : Sel. n. 2426. Flor. et fruct. : Nov.

Pseuderanthemum biceps Lindau, nov. spec. Caulis subtetragonus, lineis 2 pilosus, tum glabratus, cystolithis minutis dense striolatus. Petioli 4-5 mm. longi, tenues, glabri. Folia ovata, apice acuminata, basi maxime oblique angustata, paribus sæpe inæqualibus, usque ad 6×2 cm., sed interdum majora, basi sensim in petiolum angustata, 10 cm. longit. et 4 cm. lat. excedentia, semper glabra, cystolitis striolata. Spicæ terminales foliis subæquales, axillares multo breviores, breviter pedunculatæ, pubescentes, densifloræ. Bracteæ lineares, c. 4×1 mm., bracteolæ 4,5×1 mm., omnes minute glanduloso-puberulæ. Calycis lobi 11×1 mm., minute glandulosæ. Tubus c. 20 mm. longus, basi 1,5, apice 2 mm. diam., ad apicem extus pubescens. Lobi subæquales, 10×6 mm., rotundati. Stamina fertilia 2, filamentis 1,5 mm. longis, antheris 3 mm. longis. Staminodia basi filamentis conjuncta, 1 mm. longa, apice subdichotome bicapitata. Pollinis granula typica, subglobosa, c. 50-60 μ diam. Ovarium 1,5 mm. altum. Stylus c. 20 mm. longus. Capsula 12 mm. longa, 4 mm. lata, basi usque ad ¹/₃ longit. stipitata, apice cuspidata, glabra, 4 sperma.

Hab. in Mexico, in prov. Oaxaca, prope Tlaxiaco ad marginem rivorum : Seler n. 1438. — Fl. et fruct. : Dec.

<small>Am nächsten mit *P. cuspidatum* verwandt, das sich aber durch die dünneren Blüten und die an der Basis viel mehr verschmälerten Blätter ohne weiteres unterscheiden lässt. Durch die 2 köpfigen Staminoiden, sowie die verhältnismässig kurz gestielte Kapsel aber ausgezeichnet.</small>

P. species, nimis incompleta, sine foliis.

Hab. in Mex., in prov. Chiapas, in distr. Tuxtla in Hac. Petapa inter gramina alta : Sel. n. 1941. — Flor. et fruct. : Febr.

Tetramerium hispidum Nees.

Hab. in Mex., in prov. Oaxaca in Cerro de la Soledad : Sel. n. 1367. — Flor.: Nov.

Odontonema callistachyum (Cham. et Schlechtd.) O. Ktze.

Hab. in Mex., in prov. Chiapas, in distr. Chilon, ad rivuli profunde incisi ripam umbrosam in pineto montano inter San Martin et Ococingo : Sel. n. 2204. — Fruct.: Mart.

Siphonoglossa forsan *S. Pringlei* (Rob. et Gr.) Lindau.

Hab. in Mex., in prov. Oaxaca, in distr. Yauhtepec, in vallibus silvaticis siccis ad ripam dextram fluvii « Tehuantepec » ad Rancho de los Pichones : Sel. n. 1756. — Flor. et fruct.: Jan.

Cardiacanthus (?) *fragrans* Lindau n. sp. Frutex fragrans, ramis teretibus, patenti-pubescentibus, tum glabratis, epidermide solvente, cana, ramulis dense glanduloso-pubescentibus. Folia petiolis usque ad 5 mm. longis, ovata, basi rotundata, apice acuminata, usque ad 4 cm. longa. 1-2 cm. lata, pubescentia pilis glanduligeris intermixtis. Spicæ folia æquantes terminales vel axillares, subsessiles, dense glanduloso-pubescentes, densifloræ. Bracteæ ovatæ, apice rotundatæ, mediæ 10 mm. longæ, 3,5 mm. latæ, nervis parallelis, ad marginem et apice longe pilosæ, dense breviter glanduloso-pubescentes. Bracteolæ similes, 11 mm. longæ, 2,5 mm. latæ. Calycis laciniæ lineares, minute puberulæ, 5-6$\times$1 mm. subæquales. Flores flavi. Tubus c. 7 mm. longus, basi 1,5, apice 2,5 mm. diam., glaber. Labium superum 12 mm. longum, 7 mm. in medio latum, apice 2 dentibus, 2 mm. longis, 3 mm. latis, instructum. Labium inferum usque ad basin fere 3 lobum, lobis 11$\times$7 mm., rotundatis. Filamenta 6 mm. longa, antheræ 2 mm. longæ, loculis æquialte affixis. Pollinis granula typica, 45$\times$36-38 μ. Ovarium 1 mm. altum. Stylus 13 mm. longus. Capsula ignota.

Hab. in Mexico, in prov. Oaxaca, in distr. Nochistlan, prope El Parian : Seler n. 1565. — Flor.: Dec.

<small>Von der folgenden Art durch die Behaarung und die völlig verschiedenen Blütenstände sofort zu trennen. Hierher gehört auch ein als *Siphonoglossa ramosa* (Erst. bestimmtes Exemplar (Pringle Mexico 6279). Die Œrstedsche Art hat ganz andere Blüten.</small>

C. (?) *tetramerioides* Lindau nov. spec. Caulis subtetragonus, breviter pubescens, tum glabratus pilis deciduis punctatus, epidermide solvente. Folia petiolis 4-5 mm. longis, tenuibus, puberulis oblonga utrinque angustata, apice mucronata, usque ad 35$\times$7 mm., puberula, cystolithis vix conspicuis. Spicæ terminales, sessiles, folia 1-2 plo superantes, tenues. imbricatæ. Bracteæ lanceolatæ, acutæ, 9$\times$15 mm., margine et apice

longe pubescentes, præterea minute glandulosæ. Bracteolæ similes,
8×1 mm. Calycis laciniæ lanceolatæ, subæquales, 3—3,5 mm. longæ, apice
pilis patentibus instructæ. Flores flavido-albi. Tubus c. 5 mm. longus,
basi 1, apice 2 mm. diam. Labium superum 8 mm. longum, in medio
4 mm. latum, apice integrum. Labium inferum lobis 3, linguiformibus,
8 mm. longis, 4 mm. latis formatum. Filamenta 5 mm. longa. Antherarum
loculi subæquialte affixi, 2 mm. longi, obtusi. Pollinis granula typica,
42×30 μ. Ovarium 1 mm., stylus 13 mm. longa. Capsula 6 mm. longa,
2 mm. lata, usque ad ⅓ longit. stipitata, glabra, 4 sperma. Semina
1 mm. diam., scrobiculata.

Hab. in Mexico, in prov. Oaxaca, in distr. Yauhtepec, ad Rancho de los
Pichones in valleculis silvaticis aridis ad flumen Tehuantepec : Seler n. 1632. —
Flor. et fruct. : Jan.

Die beiden vorstehend beschriebenen Arten stelle ich nur mit Vorbehalt zu *Cardiacanthus*. Von den Gattungen der *Odontoneminæ* können nur *Siphonoglossa* und *Cardiacanthus* in Betracht kommen. Beide Gattungen unterscheiden sich durch die Form der Blumenkrone. Während bei ersterer der Tubus kaum erweitert, cylindrisch und ziemlich lang ist, stellt derselbe bei der letzteren eine kurze sich nach oben allmählich erweiternde Röhre dar. Die Form der Corolle würde nun am ehesten für *Cardiacanthus* passen, gegen eine Zuordnung sprechen aber die ährenförmigen Blütenstände. Dieses Merkmal würde auch für *Siphonoglossa* nicht recht zutreffen. Ich könnte nun eine neue Gattung aufstellen, die mit *Cardiacanthus* in der Krone übereinstimmen, sich aber durch die Blütenstände unterscheiden würde. Es ist aber besser die Zahl der Gattungen vorläufig nicht zu vermehren, da eine genauere Durcharbeitung dieser Gruppe jedenfalls ganz andere Gattungsbegrenzungen zu Tage fördern wird, als bisher. Massgebend sind jetzt für die Abgrenzung Form der Corolle und die Blütenstände; wie weit aber letzteres Merkmal sich überhaupt zur Gattungsdefinition eignet, lässt sich vorläufig nicht entscheiden

Justicia Clinopodium Gray in Proc. Am. Ac. Arts and Sc. XXXII. 1897, p. 304
(= *J. patenti-ciliata* Lindau in Bull. Herb. Boiss. 1897, p. 673).

Hab. in Mex., in prov. Chiapas in pratis iuxta Comitan : Sel. n. 3084. —
Flor. : Aug.

J. (Dianthera) spec.

Hab. in Mex., in prov. Chiapas, in distr. Tuxtla ad rivulum in Hac. Petapa :
Sel. n. 1966. — Flor. : Febr.

Justicia spec. nim. juvenil.

Hab. in Mex., in prov. S. Luis Potosi, in distr. Ciudad del Maiz, prope Gallinas :
Sel. n. 717. — Alabastr. juvenilia : Febr.

Jacobinia tinctoria OErst.

Vulg. : « flor de tinta ».

Hab. in Mex., in prov. Chiapas, culta in Comitan : Sel. n. 2605. — Flor. : Mart.

Beloperone ramulosa Morong.

Hab. in Honduras in ruinis ad Copan : Sel. n. 3347. — Flor. : Jan.

B. violacea Planch. et Lind.

Hab. in Guatemala in fruticetis ad Chimaltenango : Sel. n. 2288. — Flor. : Sept.

CAPRIFOLIACEÆ III., det. P. Græbner et Th. Loesener.

Viburnum glabratum H. B. K.
Hab. in Mexico, in prov. Chiapas, in distr. Chilon, in montibus inter Oxchuc et San Martin et in Guatemala, in dept. La Antigua in valle silvatica et in agris ad San Lucas : Sel. n. 2151 et 2413. — Flor. : Mart. et Oct.

V. triphyllum Benth.
Hab. in Guatemala, in dept. Huehuetenango, in clivo supra Jacaltenango : Sel. n. 2639. — Flor. : Apr.

Sambucus Mexicana Presl.
Vulg. : « sauco ».
Hab. in Mexico, in prov. Chiapas in distr. centrali in silva montana iuxta Cinacantan et ad Huitztan, et in Guatemala in dept. Huehuetenango, in silva ad Todos los Santos : Sel. n. 2140, 2212, 2962. — Flor. : Mart. ; fruct. : Jun.

(Fortsetzung folgt.)